陈永明数学教学丛书

数学教学中的语言问题

陈永明名师工作室 著

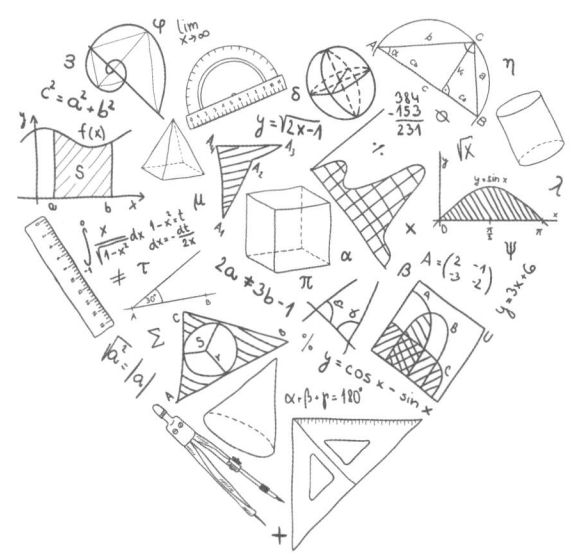

上海科技教育出版社

图书在版编目(CIP)数据

数学教学中的语言问题/陈永明名师工作室著. —上海：
上海科技教育出版社,2022.1(2024.12重印)
(陈永明数学教学丛书)
ISBN 978-7-5428-7639-3

Ⅰ.①数… Ⅱ.①陈… Ⅲ.①中学数学课—教学研究
Ⅳ.①G633.602

中国版本图书馆CIP数据核字(2021)第264777号

责任编辑　冯晨阳
封面设计　符　劼

陈永明数学教学丛书
数学教学中的语言问题
陈永明名师工作室　著

出版发行	上海科技教育出版社有限公司
	(上海市闵行区号景路159弄A座8楼　邮政编码201101)
网　　址	www.sste.com　www.ewen.co
经　　销	各地新华书店
印　　刷	启东市人民印刷有限公司
开　　本	787×1092　1/16
印　　张	11.5
版　　次	2022年1月第1版
印　　次	2024年12月第4次印刷
书　　号	ISBN 978-7-5428-7639-3/G·4518
定　　价	40.00元

作者队伍介绍

陈永明名师工作室于2008年3月经上海市徐汇区教育局授牌成立,主要从事基础教育数学教学研究工作。工作室的指导方针是:搭建舞台,自主发展;兼顾教学和研究,侧重研究。

工作室成立以来,一直坚持以教学实践为基础,研究课堂的有效教学,取得了一定成绩:在教学方面,有10人开了展示课,其中4人到兄弟省市开课,得到了好评,显示"课内高密度,课外轻负担"的一堂展示课更是得到了上海教育学会和上海市教育督导室领导的高度赞扬;在研究方面,出版专著2种,有近10篇论文在省市级以上杂志上发表,其中有2篇论文获全国高等师范院校数学教育研究会2008年会论文评比一等奖。

本书执笔人:

陈永明

阮夏丽　原上海市西南位育中学高级教师,数学教研组组长。

李　瑾　现任上海市南洋中学副校长,中学高级教师,硕士。

姚　磊　上海市西南位育中学数学教师。

吕湘霞　上海市南洋中学数学教师。

内 容 提 要

数学里的词、短语和句子,有它自己的特点,是学生学好数学的关键之一.本书以概述篇、词篇、句篇、教学研究篇的形式,分析了中学数学课堂教学中语言问题的重要性和现状,对数学中语言因素比较多的章节,如应用题单元、平面几何、排列组合单元的语言的教学进行了分析研究.并着重讲述了数学中的词和数学中的句子具有很强的针对性.

本书既可作为中学数学教师的进修用书,也可作为中学生的课外阅读用书.

序

　　数学,是研究现实世界的空间形式和数量关系的科学.在中小学里,数学学科是一门重要的基础课和工具课.在数学学习中,我们要研究基础的数学知识和科学思维规律与方法.在研究和学习过程中,我们需要用语言和文字来表达.思维要严谨,语言和文字也要严密精确.要字斟句酌,因此必须咬文嚼字,避免任何的含糊和混淆.有时要做到一字不可增,一字不可减.经过数学学习、训练之后,我们的思维往往会比较清晰,这就叫数学头脑,或者更准确一点,叫做科学头脑.

　　我的朋友陈永明同志,在上海市徐汇区教育学院担任数学教师多年,教学效果好,经验也很丰富.现在根据他多年教学工作中积累的资料,编著了《数学教学中的语言问题》一书,就数学学习中的语言文字问题,叙述其研究成果.书中举出许多实例,加以阐明.对数学教师和学生,在科学思维和语言文字的表达方面,一定会有帮助的.

　　我读此稿,很有体会,特向数学教师和数学学习爱好者加以推荐.

赵宪初

1996.9.14

前　言

已故的著名数学教育家、上海市南洋模范中学老校长赵宪初先生,早在上世纪80年代初,曾经为数学教师做过一次报告.赵老说,不少数学教师责怪学生没有学好语文,也责怪语文教师没有教好语文,以致学生因语文方面的障碍而影响了学好数学.其实,责怪学生、责怪语文教师都是没有道理的.语文教师只教语文的一般知识,而数学里的词和句,有它自己的特点,语文教师是教不了的.根据数学的特点,讲一点语文知识,是我们数学教师责无旁贷的分内事.赵老谆谆教导我们:教数学,有时就是要"咬文嚼字",把关键的词和句讲清楚.

笔者有幸聆听了这次报告,这次报告之后,就开始关心数学中的语言问题,并于1998年出版了《数学教学中的语言问题》一书.

本书稿的写作是十分艰辛的.最初成稿之后,不慎将稿子丢失.当时笔者非常难受,但是,笔者骨子里有点"许三多"(电视剧《士兵突击》里的主角)式的"愣劲",痛定之后,硬是重写一遍.要知道当时大家都还不会用电脑,就是凭记忆和原始资料,再一次一个一个格子爬过来的.写完之后,交到出版社,正巧遇到上世纪90年代的又一次"读书无用论",那时,社会上流传着一句话"手术刀不如剃头刀,搞导弹的不如卖茶叶蛋的",出版社的书都卖不出去,我的书稿也就石沉大海.前后搁置了三四年,联系了三家出版社,最终才得以出版.真有点像唐僧取经,历经了许多磨难,才得正果.

本书的初版是上海市"九五"期间的中学教师继续教育的教材(被评为市A类课程,即市重点课程,在全市各院校提出的各学科的200多门课程中,被评为A类课程的仅10门,可见还是有点含金量的).在2001年被评为全国数学教育类图书一等奖.南京大学的著名教授郑毓信先生也给了这本书比较高的评价,他说:

"陈永明老师在其所著的《数学教学中的语言问题》一书的前言中,就曾经这样写道:'笔者认为,对数学教学的语言问题的研究还刚刚起步,能够解决几个或一批数学教学中实际存在的语言问题,已经很不错了……笔者坚持自己的理论联系实际的研究风格,从数学教学的实践中提炼问题进行研究.'具体地说,陈永明老师的这一著作主要围绕'词'和'句'这两个中心分别对中学生与中学数学教师在使用语言方面的情况进行了分析,其目的在于'结合教学,介绍常规的语言知识,分析一些数学所特有的语言现象',例如陈永明老师指出,'生活引起的干扰'是造成学生数学学习中出现概念混淆的一个重要原因,另外,未能清楚地对'相对性概念'与'整体性概念'做出区分也是学生在数学学习中经常出现的一个问题.陈永明老师的这些分析应当说是很有见地的,对于改进数学教学有着直接的促进作用."①

这些反应,实在是出乎笔者的意料.

2007年上半年,在一次会议上遇到张奠宙教授.回忆当年,笔者写作过程中得到了张教授的鼓励和指导.张教授看了本书的初稿,称赞我说"科研就是要在别人看不出问题的地方看出问题来",他的这句鼓励性的话,后来笔者一直传达给所带教的青年教师.张教授对本书的修改进行过具体的指导,为本书列了修改提纲,还为本书的出版和出版社力争过.可惜,笔者后来生了一场病,病后,遇到评职称,没有顾上按张教授的意图进行修改,急于和另外一家出版社联系出版了.这次会上,张教授又鼓励笔者说,在笔者研究的几个方向里,"语言"的研究是最有价值的,并希望笔者进一步研究下去.

原先,笔者总以为自己年岁已大,所以不思进取了.看到比笔者更高龄的张教授,还笔耕不止,还奔走在教学第一线,觉得有点惭愧.笔者十分感谢张教授对我的器重.张教授这番话,又激发起笔者为数学教学研究做点工作的想法.

一是为了完成张教授交给我的任务,二是为了培养中青年教师.于是,笔者和阮夏丽等老师组织了一个小组,一起研究,工作室成立后,室里的老师也参与了进来.我们的初步成果出来之后,蒙张奠宙教授厚爱,被张教授收入到他的著作《数学"双基"教学的理论与实践》(广西教育出版社,2008年4月)中.之后,我们还继续做了些工作.把集体的成果汇集在一起,这本修订本就这么产生了.

在本书初版的"我们的任务"一节中,提出这个课题的任务,至少有以下几条:

一、数学中某些词句规范化的研究;

二、帮助教师掌握带有数学特点的词语;

三、研究中学生在数学课中产生语言障碍的表现和原因,研究帮助中学生克服障碍的方法和途径.

初版主要是对数学中常用词语的用法进行了一些研究,这次修订,是对数学课中的语言的教学进行了研究.如果说,初版是"硬件"的话,这次修订,则主要的是"软件"了.

这次修订前,我们做了较大规模的测试调查.在这项测试中,我们选择了从六

---

① 郑毓信.语言与数学教育.数学教育学报,2004,8

年级到高三7个年级,28个班,共1084名学生,对数学化语言的掌握情况进行了测试.以下是几点主要结果和提示:

1. 初三、高三学生的数学成绩和本次测试成绩是有一定的相关性的,初三学生的相关程度高于高三学生,看来:在初中阶段,可能更需要重视数学化语言的掌握和运用,这对数学成绩的提高有一定的作用.

2. 将初三学生按数学成绩的中位数分成两部分,数学成绩高于中位数的(第一部分)学生,数学成绩和本次测试成绩间没有相关性;数学成绩低于中位数的(第二部分)学生,数学成绩与本次测试成绩间有一定的相关性,其相关系数为0.6295. 看来:应该特别重视初中数学学习成绩处于中下等的学生的数学化语言的掌握和运用,语言的障碍可能是他们学不好数学的重要原因之一.

3. 从各个语言知识点看,首先是几何作图用词情况不容乐观.其次,和逻辑知识相关的词问题严重,本次测试中正确率低于30%的全部和逻辑有关.所涉及的逻辑知识主要是逻辑量词("每一个"、"有一个"等)、命题的否定和命题的四种形式等三方面.

除了这项测试和分析外,我们对数学中的部分和语言关系比较密切的内容,进行了教学研究,写出了一些论文.根据这次测试分析,和我们对数学化语言的理解,我们提出了三点看法:

第一,运用语言正确流畅是数学教学双基内容之一,应该在课程标准、教材里有所体现;

第二,加强数学课里语言教学的重点可能在初中;

第三,在初中阶段,加强数学课里语言教学的重点对象可能是数学成绩中下等的学生.

以上研究曾总结成两篇论文,在2008年全国高等师范院校数学教育研究会年会上都获得了论文评比一等奖.但这是我们的一家之言,这些观点是否正确有待于实践的检验,希望得到广大教师和专家的批评指正.

应该说,这几年来,数学教学中的语言问题的研究有了不少成果,但总的来说,还在起步阶段.包括本书的成果,还是很浅薄的,还是只能起到抛砖引玉的作用.笔者希望中青年同志能够进一步研究下去,取得突破性的成果.

陈永明　于上海市徐汇区教育学院
2008年8月

目 录 MULU

概 述 篇

一、数学化语言 ……………………………………………………………… 3
二、关于现状的论述 ………………………………………………………… 6
三、关于数学化语言的一次测试 …………………………………………… 13
四、数学化语言的地位和面临的任务 ……………………………………… 32

词 篇

一、近义词词义辨析 ………………………………………………………… 39
二、多义词词义辨析 ………………………………………………………… 42
三、生活引起的干扰 ………………………………………………………… 45
四、相对性和整体性 ………………………………………………………… 48
五、"每一个"和"有一个" ………………………………………………… 54
六、"至少"和"至多" ……………………………………………………… 60
七、"且" ……………………………………………………………………… 62
八、"或" ……………………………………………………………………… 66
九、"如果……那么……" ………………………………………………… 71
十、"当且仅当" ……………………………………………………………… 75
十一、算术、代数中的常用词 ……………………………………………… 78
十二、几何中的常用词 ……………………………………………………… 81

句 篇

一、修饰关系的分析 ·········· 87
二、语句的变形 ·········· 93
三、命题的否定和涉及换质的语句变形 ·········· 97
四、长句的分析和改换 ·········· 103
五、逻辑序 ·········· 106
六、自然语句与带数学符号的语言的互"译" ·········· 109
七、四种命题形式 ·········· 113
八、辅助线作法的语句 ·········· 116
九、轨迹的描述语句 ·········· 119

教学研究篇

一、数学课里语言现象的梳理和安排 ·········· 125
二、应用题教学中的语言 ·········· 132
三、平面几何教学中的语言 ·········· 139
四、排列组合教学中的语言 ·········· 145
五、高中数学试题中的语言问题初探 ·········· 155
六、语文课应为数学课提供语言保障 ·········· 168

参考文献 ·········· 172

概述篇

GAI SHU PIAN

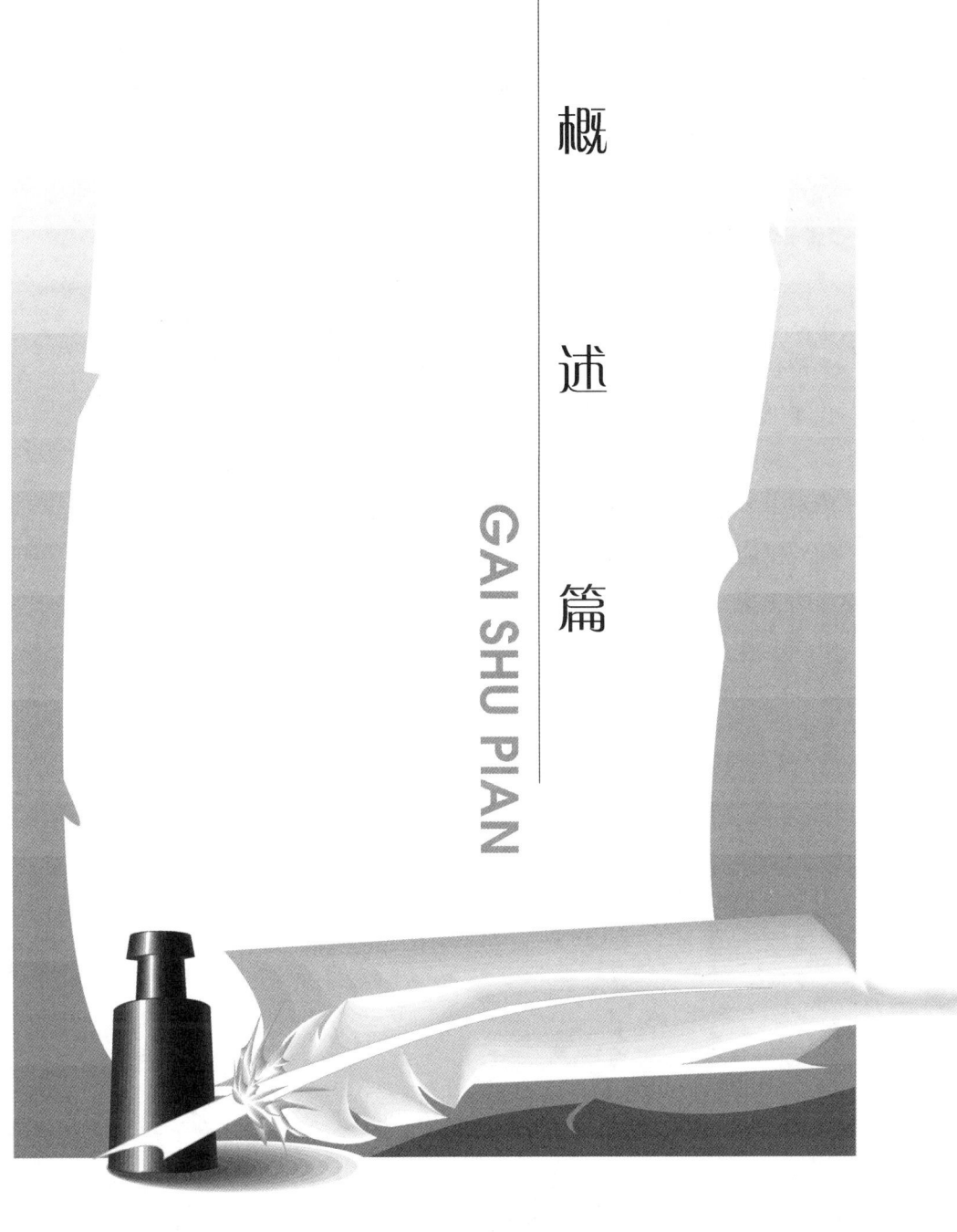

在进行本课题的研究之前,让我们先来看几个问题:

第一,本研究对象的界定;

第二,数学教学中语言运用的现状;

第三,本研究的重要性;

第四,今后的任务.

关于第一个问题,鉴于目前业内人士对"数学语言"一词的不同理解,完全有必要对本研究的研究对象作一界定.在本篇中,我们提出了"数学化语言"的概念.

第二和第三个问题是相关的,中学师生对"数学化语言"掌握的状况不容乐观,于是本研究的重要性就凸显出来了.

第四个问题,我们提出了三项具体任务.要完成这些任务,需要广大专家、数学教师的共同努力,特别呼吁要从课标和教材着手.

一、数学化语言

一、关于"数学语言"的几个提法

常常有人在论文中提到"数学语言"一词,但对"数学语言"的意义却有不全相同的理解.

苏联数学教育家 A·A·斯托利亚尔在《数学教育学》中说:"数学语言是按下列不同方向改进自然语言的结果:

(1) 按简化自然语言的方向;

(2) 按克服自然语言中含糊不清的毛病的方向;

(3) 按扩充它的表达范围的方向."

另一位苏联的数学教育家 H·R·维林金在《中小学数学的现代基础》中说:"数学语言是人工语言,是作为日常语言在下列三方面改善的结果:

(1) 消除烦琐性;

(2) 清除同音异义词(多值性);

(3) 扩展表达的可能性."

在国内的论文中,有的作者认为"数学语言"是"以符号、图形为词汇的语言";有的作者认为"从形式上看,数学语言除使用自然语言中的名词、代名词、形容词、副词、关联词、感叹词等以及标点符号之外,还引进了数学符号……因此,数学语言又叫做符号语言";有的作者认为"表达数学内容的语言文字,习惯上称为数学语言";有的作者认为"数学语言是由经过改造的自然语言与专用数学符号组成的科学语言".

可以看出,对"数学语言"的看法是不一致的.

二、"数学化语言"的提出

笔者赞同前面提到的两位苏联数学教育家的"数学语言"是人工语言或符号语言的提法,但对他们所说的几个改进,不敢苟同.

笔者认为,数学语言是一种人工语言,或符号语言、形式语言.它的符号、规则,都是人工加以规定的,是先有规则,后有语句的.例如,数理逻辑中的命题演算是个形式系统,它先规定初始符号和形式规则,然后引出一系列命题.众所周知的BASIC语言,也是一种人工语言.整个数学都可以用人工语言表达出来,这种语言就是数学语言.这种语言,应该是不分国家,不分民族的.

然而,我们研究一种形式语言时,往往要用到别的语言.这两种语言是不同的.前一种语言是研究的对象,叫做"对象语言",后一种语言是研究对象语言的时候使用的语言,叫做"元语言".譬如,查英汉辞典,对象是英语,而解释用的是汉语,这时,英语相当于对象语言,而汉语相当于元语言.

研究数学语言时,要用到自然语言,在我国,主要的就是汉语,在美国,主要的是英语……从本质上说,这时的自然语言就是元语言.由于它用于研究数学,必然有它区别于小说、诗歌、外交……的自身的特点,如严谨和简练等.但有的人把这种自然语言就叫做数学语言,似乎欠妥.

对于中学生来说,数学是作为一门学科,而不是一门科学来学习的.中学生学习的数学,远没有达到形式语言的程度,通常是用自然语言来描述数学规律,说这种语言是数学语言就更不妥了.

这里有必要提出一个新概念——"数学化语言",以区别于"数学语言"."数学语言"是形式语言,而"数学化语言"本质上说是自然语言;"数学语言"是对象语言,"数学化语言"是元语言,是为了学习"数学语言"而用到的语言;"数学语言"作为形式语言是不分国家、不分民族的,而各个国家、各个民族的"数学化语言"是不同的.

顺便提及,有的人把图形也看作数学语言的一部分,这种看法值得讨论.诚然,图形和语言都可以传递信息,但传递信息的并不都是语言.语言有个基本特性,就是语言是"线性"的,无论是口头的,还是书面的,语言总是由一个个字排成词,一个个词排成句,句连成文.而图形不是线性的,所以,图形不能算语言,最多是"广义的语言".

但是"数学语言"、"图形语言"这些提法似乎势不可挡,不是笔者所能够左右的.笔者只是希望学术界进行充分的讨论,争取能够得到统一的意见.

"数学化语言"是自然语言,但是,由于它用以研究、学习数学,所以,有它自己的特点.它比较简练、严谨,还夹有数学符号,特别是变元符号.而自然语言基本特性是约定俗成,所以,自然语言有模糊性,容易产生歧义.这样,就形成了数学化语言的根本矛盾:研究对象(数学)的精确性和研究工具(自然语言)的模糊性的矛盾.

而且,同是数学化语言,大学和中小学的数学化语言还应该有所差别,也就是说还要照顾学生的年龄特点.譬如,"当且仅当"这种词语,初中和小学生是难以接受的.这就形成了学校里的数学化语言的一对特殊矛盾:应该运用的正确的数学化语言和学生的可接受性的矛盾.

三、数学教学语言

数学教师教数学,学生学数学,应该使用数学化语言.另外,数学教师在讲课时,还要注意语言的生动形象,这是"数学教学口语".

数学化语言和数学教学口语,这两部分构成了数学教学语言.

数学化语言的研究,主要涉及了语义学和语法学.

而数学教学口语的任务应该是,帮助数学教师掌握并运用生动形象的语言进行数学教学.因为数学教学口语要求生动形象,所以主要涉及了修辞学和文学的一些创作手段.

数学教学语言,不论是数学化语言,还是数学教学口语,都是十分重要的.国际数学教育大会多次将"数学与语言"列为研讨课题.

我国不少前辈数学家、教育家如华罗庚、苏步青、赵宪初等都十分重视数学化语言.华罗庚教授曾教育中学生在数学表达上要做到"想得清楚,说得明白,写得干净".苏步青在《略谈语文和数学》一文中说:"数学是学习自然科学的基础,而语文则是这个基础的基础……语文水平提高了,阅读能力增强了,不仅有助于学习数学,还有助于学习其他科学知识……希望大家学好数学的同时,也把语文学好."

赵宪初老师说:"不少数学老师责怪学生没有学好语文,也责怪语文老师没有教好语文,以致学生因为语文方面的障碍而影响了学好数学.其实,责怪学生、责怪语文老师都是没有道理的.语文老师只教一般的语文知识,而数学里的词和句,有它自己的特点,语文老师是教不了的.根据数学的特点讲一点语文知识,是我们数学老师责无旁贷的分内事."赵老又说:"教数学,有时就是要'咬文嚼字',把关键的词和句讲清楚."

限于笔者的水平和精力,本书不论及图形与符号,也不涉及语言艺术,只讨论我国数学教学中运用的自然语言——汉语言,并且只研究它的正确性和流畅性.

二、关于现状的论述

数学化语言是如此重要,那么中学师生掌握、使用的情况是怎样的呢？我们当数学教师的都有一种直觉:问题一定不少,因为经常会遇到不少同学常常因为语言障碍而弄错了题意.一些有心者,对目前中学师生对数学课中的语言掌握的情况做了调查和总结,让我们来看一下.

一、中学生的现状

目前中学生在学习数学时,对语言的理解和使用状况,可以用"困难不小,错误不少"这八个字来概括.

江苏常州市教研室的杨裕前先生对学习平面几何困难的学生作了调查：

"初中学生认为学习平面几何最难的是：

(1) 几何概念、名称, 占 5.11%；
(2) 几何语言的理解和叙述, 占 28.7%；
(3) 看懂图形并回答问题, 占 12.7%；
(4) 讲清道理, 占 38.17%；
(5) 没有什么困难, 占 15.06%."

可见,语言障碍是学习平面几何的重要问题之一.

杨裕前先生还作了一项调查：

过 A、B、C 三点(不在同一直线上,给出图形)中每两点画直线,可以画几条直线？

据统计,13.2%的学生虽然能正确画图,但却回答说"可以作一条直线".说明对"每"和"可以"两个词的理解是不深刻的.

读句画图:三条直线两两相交.

20.8%的学生不能正确画出图形,说明"两两相交"这一个短语,学生不容易掌握.

任作直线 AB,在 AB 上任取一点 C,在 AB 外任取一点 D,分别过 C、D 两点作 AB 的垂线.

有 30% 的学生将图画成如图 1. 这说明学生对"任"、"分别"等词理解不清楚.

陕西师大数学系的李三平先生也对初三学生学习数学时的语言障碍进行过调查,认为:

"第一,学生在识记方面存在一定的困难,对相近或相似的内容不能作出正确的辨析,例如:

下列语句中对的是(　　).

(A) 一个数的正的平方根是算术根

(B) 一个数的平方根是算术根

(C) 一个非负数的非负平方根是算术根

(D) 一个非零数的正的平方根是算术根

图 1

其答错率达到 51%.

第二,学生对数学问题的语言表述领会不深,缺乏语言间的转换能力.

第三,学生对数学对象、关系和运算的语言概括有一定的困难,例如:

给出数列

$$10,8,11,9,12,(\quad),\cdots$$

它的第六个数是什么?并叙述规律.

(提示:例如 2,4,6,8,10,(　),…的第六个数为 12,规律是:从第二个数起,后一个数等于前一个数加 2.)

答错率为 60%.

第四,学生在解题时不善于直接使用定义.

第五,学生对非常规的语言表述很不适应."

吴有昌在七年级学生中进行了调查,将数据分析后指出"七年级学生语文学习与数学学习关系密切……语言能力制约数学学习……"、"语言能力弱导致差生对数学知识的误解",指出:

差生的学习和作业状况常反映出他们对数学语言感到畏惧,难以理解.如语句"点 A 在直线 BC 上",差生把它理解成"点 A 在直线 BC 的上方";对一些表示数量关系的数学语句如"增加几倍"、"增加到几倍"等,他们往往易产生混淆,据笔者调查,约 75% 的差生不能正确理解量与量之间的倍数关系,尤其是百分比关系,分不清哪一个量大,哪个量是哪个量的几倍等.

张洁在《浅谈中学生掌握数学语言过程中的几个常见问题》中指出,学生在数学文字语言方面存在的主要问题是:

首先,表现在经常对数学概念用一些生活性、常识性、直观性的理解,来代替准确的数学定义.

其次,表现在学生对于数学中一些常用的基本词和概念,如"有且仅有"、"互为相反数"、"任意非零整数"、"并且"、"或者"、"存在"、"唯一"、"至多"、"至少"、"如果……那么……",往往缺乏正确的认识和理解.并举了一个例子:

以矩形 ABCD 的顶点 A 为圆心，作⊙A(如图 2)，要使 B、C、D 三点中至少有一个点在⊙A 内，且至少有一个点在⊙A 外. 如果，$BC = 5$，$CD = 12$，则⊙A 的半径 r 的取值范围为_____.

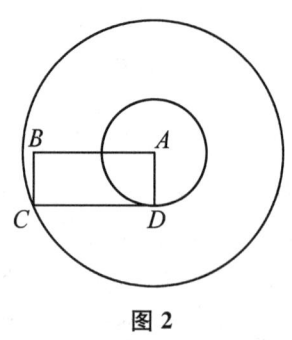

图 2

结果出错的绝大部分学生都是由于对"至少"一词理解不透而导致无法解题.

另外，还表现在对一些定理、法则的理解往往局限于背诵条文和模仿范例解题，而对其适用范围和具体要求往往有所忽略.

广州教研室林少杰对数学课里常用词语进行了测试. 相应词语的错误率如下表：

	七年级	九年级
一切、任意、所有	66.7%	50.0%
存在	94.1%	91.6%
具体	22.2%	47.0%
分别	38.2%	30.5%
至多、至少	70.5%	38.9%
都不、都、不都	61.8%	61.0%
且、或	51.0%	25.0%
一般	50.0%	47.2%
特殊	52.9%	63.9%
特殊与一般	94.1%	91.6%

并指出，九年级学生的语文水平高低和这些常用基本术语理解水平的高低基本一致；但语文水平高低对于理解数学命题的结构和内在的逻辑关系并没有很大的关系.

刘瘦侠、翁昌来做了测试后指出，"在基础能力因素中，数学记忆广度、词汇理解、数学计算能力构成了影响数学学习的主要因素"，"数学学习困难学生的应试中，基本题得分不高原因是：弄错题意、计算失误、公式遗忘. 这些问题是三项基础能力差的表现."

中学生对定义、定理死记硬背；把题意理解错误，造成解题失误；表达错误或者混乱，这样的例子举不胜举. 1999 年全国高考第 22 题是一道用文字表达的应用题,得分率理科不到15%,文科小于4%,可见难度之大,但张雪明老师在《关于高中学生数学语言的转化能力》中指出,从该题中抽象出数学模型,让高三学生测试,结果54名学生除1人因计算失误外都做出了.这说明,语言水平是怎样制约了数学学习的了.

以上这些调查,尽管对有些错误产生的原因是否真正属于语言障碍(或许是数学的理解错误),还可以商榷,但大体上说明了中学生学习数学时是有语言障碍的,并且这是一些学生学不好数学的重要原因之一.

中学生对数学课中的语言觉得有困难的原因,首先是因为数学中的语言有其本身的特点,对这种特殊性,语文教师是管不了的,而大多数数学教师又没有予以重视,即使学生在语文课上把语言学习得很好,学生学习数学时,也未必没有语言障碍.

其次,由于我国中学生的汉语学习进程不能与学习数学的要求相适应,也就是说,学生还没有在语文课上学好语文,却要求学生在数学课上接触更为艰深的有数学特点的语言.

上海教育学院中文系的毛茂臣先生对上海市十三四岁的少年在词语运用中存在的问题作了调查,统计结果如下:

"(1) 用词不合语法, 占59.5%;
(2) 用词不合事理, 占95%;
(3) 用词不合词义的范围大小, 占6%;
(4) 用词不合词义的概括程度, 占1.5%;
(5) 用词不分词义的轻重程度, 占55%;
(6) 用词不分词义的褒贬, 占14%;
(7) 用词不分词义的风格色彩, 占2.5%;
(8) 用词重复, 占76%;
(9) 用词不合习惯, 占78%;
(10) 生造词语, 占64%;
(11) 古词滥用, 占1.5%;
(12) 方言滥用, 占3.5%.

其中带普遍性、倾向性的有6类:用词不合语法、用词不合事理、用词不分词义的轻重程度、用词重复、用词不合习惯、生造词语.这说明,到七年级为止,学生对词的意义和语法特点还把握不住."

七年级学生的语文程度就是如此的现状,但是,七年级学生在数学课里,要学习列方程解应用题了,其他的年级的情况也差不多,如八年级学生要学习命题的改写,而他们在语文课上还没有学过复句和句式变换,这当然会给学习数学带来困难.

二、数学教师的现状

中学数学教师,包括考试的命题者、教材及教参的编者,在使用语言方面的情况也不尽如人意.

王杰观、胡凤玲老师在《加强数学语言的教学》一文中指出,他们"一年多来,先后听了 68 节数学课,据统计,有知识性错误的有 38 节,约占 56%,其中由于数学语言使用不当而导致知识性错误的有 22 节,约占有知识性错误的节次的 58%."

秦奋老师在《数学教学语言必须严密准确》一文中将听课中发现的错误分成五类:

(1) 不适当地"删"、"添"定义、定理或法则中的字句,如把"点到直线的距离"说成"点到直线的垂直距离".

(2) 随意"挪用"一些相近的概念. 如"把 $-a$ 和 $+a$ 抵消"说成"把 $-a$ 和 $+a$ 约了";把"两个因式的积"说成"这两项的积".

(3) 不适当地引用学生没有学过的名词、术语.

(4) 不注意适应教材更新的需要.

(5) 说话不完整,如"把方程两边同乘以某数"说成"给方程乘某数";把"π 弧度等于 180 度"说成"π 等于 180 度";把二次根式"被开方数应大于或等于 0"说成"被开方数应大于 0".

这两篇文章中指出了中学数学教师在使用语言方面存在着一定的问题. 同样地,在这两篇文章中,有些也是可以商榷的,有些问题不一定是语言问题,有些被指责为错误的说法,究竟是不是错,也可以讨论. 但从另一个角度说明,在中学数学教育界,对语言的使用、符号的读法等并没有规范统一.

笔者在一次教师培训中,出了一道练习题:

下列说法是否正确:只有 $|a|=|b|$,才有 $a=b$?

答案应该"是",只要反过来想:如果 $|a|\neq|b|$,当然 $a\neq b$ 啦. 所以这个说法是正确的. 但是竟有 80% 的老师弄错了. 说明有些老师对"只有……才有……"这个连接词的意义不清楚.

除了课堂教学外,在试卷里也时常发生语言上的问题.

下面是某年的全国高考题:

抛物线的方程是 $y^2=2x$,有一个半径为 1 的圆,圆心在 x 轴上运动,问这个圆运动到什么位置时,圆与抛物线在交点处的切线互相垂直.

抛物线和圆,通常有两个交点,在每一个交点处,可以作圆的切线,也可以作抛物线的切线. 这样一来,涉及了四条切线,究竟哪两条切线互相垂直呢? 不明确. 按命题者的意思,是"圆与抛物线在同一交点处的切线互相垂直",但据抽样显示,有 15% 的考生认为是"在一个交点处的圆(或抛物线)的切线和在另一个交点处的圆(或抛物线)的切线互相垂直". 应该说,这样理解是无可指责的,因为这道题本身有歧义.

某地七年级统考有这么一道题:

问:$x^2 \cdot x^3 = x^6$ 这个式子成立吗?

内定的标准答案是"不成立",但有的考生答道:"当 $x=0$ 及 $x=1$ 时,这个等式成立."使阅卷教师难以打分.

这道题在语言方面是有问题的.按命题者的原意,这题应改为:

x 为任何实数时,$x^2 \cdot x^3 = x^6$ 是否都成立?

为宜.

某省 1981 年中专招生试卷中有这么一道题:

在 $\triangle ABC$ 中,$\angle A = 30°$,$BC = 2$ cm,且 BC 是 AB 和 AC 边上的高的比例中项,求它的最大内角的度数和最大边的长度.

题中

"BC 是 AB 和 AC 边上的高的比例中项"

有歧义,它可以理解为

"BC 是'AB'和'AC 边上的高'的比例中项".

也可以理解为

"BC 是 AB 边上的高和 AC 边上的高的比例中项".

所以,题意是有语言问题的.

某地初中招生考试中,有这么一道试题:

甲、乙两人合做 680 个零件,甲每小时做 60 个,两小时后,乙才开始工作,乙每小时做 80 个,问:几小时完成这批零件?

结果出现了两种答案:

(1) $(680 - 60 \times 2) \div (60 + 80) = 4$(时);

(2) $(680 - 60 \times 2) \div (60 + 80) + 2 = 6$(时).

如命题者将题中的时间的起点交代得更清楚些,就不会造成这种情况了.

这些试题中的语言问题反映了命题老师在语言方面欠下功夫.

语言问题同样出现在教参等出版物中,下面摘几例:

例 1 1996 年我国荒漠化土地占国土总面积(960 万平方公里)的 17.6%,近 20 年我国荒漠化土地平均每年以 2460 平方公里的速度扩展.若这 20 年间,每年我国治理荒漠化土地的面积占前一年荒漠化土地面积的 1%,试问:20 年前我国荒漠化土地面积有多少万平方公里?

题中出现了"近 20 年"、"前 20 年"这样的短语,那么究竟以哪年为计算起点呢?

例 2 某学校餐厅供应 1000 名学生用餐,每天有 A、B 两组菜可供选择.调查资料表明,在今天选 A 组菜的学生有 20% 在明天会改选 B 组菜,而选 B 组菜的学生中有 30% 在明天会选 A 组菜.若用 a_n、b_n 分别表示在第 n 天选 A 组菜、B 组菜的学生数,试用 a_n、b_n 表示 a_{n+1},并证明 $a_{n+1} = \dfrac{1}{2}a_n + 300$.

其实,"今天……明天……"有两种不同的含义:

第一种是固定的,特指的.今天譬如是 1999.9.15,那么明天是 1999.9.16.

第二种是可移动的,泛指的.今天是 15 日,那么明天是 16 日;今天是 16 日,明天是 17 日……

本题显然是指后者.因此把题中的"今天"改为"某日","明天"改为"次日"比较妥当.因为"某日"是可移动的.

例3 四面体的底面……

其实四面体虽是三棱锥,但四面体没有底面和侧面之分.

例4 若关于 x 的不等式 $\log_a\left(\dfrac{x^2}{2}-\dfrac{1}{4}\right) > \log_a(x-a)$ 的解集中只有两个整数元素,试确定 a 的取值范围.

本题有歧义.可以理解为:(1)解集中有且只有两个整数,没有别的数;(2)解集中整数只有两个,但还有其他的数.本题的原意是(2),改为"解集中(有且)只有两个元素是整数"就比较好了.

例5 3 种颜色的旗子,采用不同的挂法可以代表不同的信号.那么,利用这 3 面旗子同时挂出,可以表示多少不同的信号?

应该说明 3 面旗子是排成一行的.

例6 m 为何值时,$\dfrac{3}{x}+\dfrac{6}{x-1}-\dfrac{x+m}{x(x-1)}=0$ 有增根?

其实方程本身谈不上增根,增根只对某种解法而言.

三、关于数学化语言的一次测试

上节里,我们摘引了见诸于各出版物里反映师生在运用数学化语言的状况的资料,为了弄清中学生对于数学化语言的掌握情况,取得第一手资料,我们进行了一次超过 1000 名学生的测试调查. 通过测试,得到了一些比较重要的结果,我们将调查的结果写成了论文《中学生数学化语言掌握情况的测试》[1],在全国高等师范院校数学教育研究会 2008 年年会上获得论文评比一等奖. 下面就是这项工作的大致情况,因为篇幅的缘故,有关的原始数据没有列出.

一、测试调查的目的

我们在教学中注意到学生对数学化语言的掌握水平,和数学学习可能存在一定的关系,为了弄清楚这种关系,我们进行了本次测试. 具体说,我们想了解:

1. 数学化语言的水平是否随年级的提高而提高?
2. 学生的数学成绩和数学化语言水平有没有关系?
3. 哪个年级是掌握数学化语言的关键阶段?
4. 怎样的数学学习水平的学生是学习数学化语言的重点?
5. 究竟哪些词语学生掌握比较困难?

二、样本和工具

1. 测试样本

2007 年,我们对上海市徐汇区部分中学的初中 4 个年级(六~九年级)的学生进行了关于数学化语言掌握情况的测试. 这次测试是每个年级各选 4 个班,其中学业成绩好的学校(A 层)选 1 个班,中等的(B 层)选 2 个班,差的(C 层)选 1 个班,共

---

[1] 作者:上海市徐汇数学中的语言问题研究小组,陈永明名师工作室. 执笔:陈永明,阮夏丽,陈惠. 参加本项目的还有:朱兴照,黄喆,袁乐,王颖,李佳璐,关怡,徐迪斐,陈飞,李建芳,刘辰,张晓玲,徐莉萍,吕湘霞,金静,管理,肖珺,曾宪一,陆云庭,叶春怡,叶慧勤,沈雄伟,卓瑛,李炯,胡新宏,刘开峰,李瑾,陶烨昕,张珺,徐卫文,张荣,傅琳,童灵窕

16个班,涉及630名初中学生.应该说样本具有一定的代表性.

初中生测试人数及安排表

分层＼年级	九年级	八年级	七年级	六年级	小计(人)
A	45	45	45	43	178
B	86	76	75	84	321
C	34	36	29	32	131
小计(人)	165	157	149	159	630

2008年6月,我们又对高中三个年级共12个班454名学生进行了测试.同样地,学生是从A、B、C三层中分别选择的.

高中生测试人数及安排表

分层＼年级	高一年级	高二年级	高三年级	小计(人)
A	36	32	40	108
B	84	79	79	242
C	32	34	38	104
小计(人)	152	145	157	454

2. 测试工具

测试工具是我们编制的一套测试题(见附录).对此先说明编制的意图.

数学中常用的词语,大致有两种,第一类是直接反映数学概念、原理、法则的,如同位角、方程、底等数学专用词语;第二类是不直接反映数学概念、原理、法则的,属于一般的词语,但数学中用得特别多,对理解数学起着重要的甚至是关键作用的,如"对应"、"有一个"、"任一个"、"两两相交"等.第一类直接反映数学概念、原理、法则的词语有说错用错的,而第二类的词语的错误也是很多的.对数学专用词语,每一位数学教师都不会马虎.但是对第二类词语也要予以重视.

在理解数学词语和句子时出现的错误,有的是语言的错误(数学意思懂的,但用错了词),有的则是对数学理解的错误,这两种错误有时很难区分,但现在有好些文章都笼统地把这两种错误都说成是语言的错误,这是不妥的.譬如,有些文章里把下列错误:

(1) 不是正数,就必定是负数;

(2) 绝对值总是正的;

归结为语言错误,似乎不妥当.因为,犯这样错误的学生完全可能是数学知识上的缺陷,或者是心理上漏掉了特例造成的.

本测试的重点是,了解学生对在数学里用得很多,且对理解数学起到重要作用的一般的词和句(即上面说的第二类词语)的掌握情况,而且测试题尽量避开因对数学本身的理解造成的偏差,而只是涉及对语言的理解.还有,某些第二类词语,如涉及变化、方向时间和过程的词(如"增加到"、"同向而行"等),一般在特定的时间——如在教"列方程解应用题"时应该落实,也必须落实的,我们没有把这些词作为本次测试的内容.

2007年测试时,测试题共有51题,有些题含若干小题,因此总共有60个考点.为了学生解答方便,都采用判断(为减少学生乱猜的发生,可以选"正确"、"错误"和"没有把握"三种结果)、选择、填充等客观题型.而且,为能够确切弄清楚究竟对哪个语言知识点的理解有偏差,每个考点一般都只考一个知识点.由于被测者掌握的数学知识不同,所以整个测试卷分为4个部分.要求九年级学生答全部,八年级学生答前三个部分,七年级学生答前两个部分,六年级学生只答第一部分.

2008年对高中生测试时,在原先四个部分的基础上,增加了三个部分,成为七个部分,70题,总共82个考点.要求高三学生七个部分全做,高二学生答第一到第六部分,高一学生答第一到第五部分.其余均和初中测试一样.

各年级测试考点数(总分)表

	六年级	七年级	八年级	九年级	高一年级	高二年级	高三年级
第一部分	23	23	23	23	23	23	23
第二部分		20	20	20	20	20	20
第三部分			14	14	14	14	14
第四部分				3	3	3	3
第五部分					8	8	8
第六部分						3	3
第七部分							11
总计(分)	23	43	57	60	68	71	82

3. 收集的其他数据

为了将本测试的数据和学生的数学成绩、语文成绩做对比分析,我们收集了部分被测者的数学成绩、语文成绩、性别等信息.

其中数学、语文成绩只收集了九年级、高三年级学生的,九年级学生成绩采用2007年上海市中考成绩,高三年级学生成绩采用上海市徐汇区2008年模拟考试的成绩(为便于比较,本文将这两个成绩都折算成100分制).由于是统一考试的成绩,该成绩就有可比性了.

三、测试数据及其分析

1. 性别差异

我们把九年级、高三年级学生数学化语言掌握情况和性别的关系作了分析.

(1) 九年级男女生本次测试成绩的比较(总分为60分):

① 提出假设:$H_0:\mu_1=\mu_2$,$H_1:\mu_1\neq\mu_2$(μ_1:九年级男生平均数,μ_2:九年级女生平均数).

② 两组成绩假定是从两个正态总体随机抽取的独立样本,且经方差齐性检验知两个总体方差为齐性,由于两个样本容量较大,所以可用Z检验近似处理,计算得$Z=3.2338$.

③ 根据双侧Z检验统计决断规则,$|Z|=3.2338>2.58=Z_{0.01}$,则$P<0.01$,于是在0.01显著性水平上拒绝H_0接受H_1.其结论为:九年级男女生的本次测试成绩,从总体上来说有极其显著差异,由于男生的样本平均数高于女生的样本平均数,所以可以推断九年级男生总体成绩优于女生.

九年级男女生本次测试的平均分与标准差统计表

九年级(总分60)	男 生	女 生
平 均 分	47.54	43.19
标 准 差	6.2102	8.5121

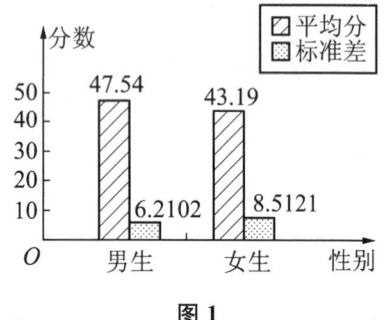

图1

(2) 高三年级男女生本次测试成绩的比较(总分为82分):

① 提出假设:$H_0:\mu_1=\mu_2$,$H_1:\mu_1\neq\mu_2$(μ_1:高三年级男生平均数,μ_2:高三年级女生平均数).

② 两组成绩假定是从两个正态总体随机抽取的独立样本,且经方差齐性检验知两个总体方差为齐性,由于两个样本容量较大,所以可用Z检验近似处理,计算得$Z=3.4664$.

③ 根据双侧Z检验统计决断规则,$|Z|=3.4664>2.58=Z_{0.01}$,则$P<0.01$,于是在0.01显著性水平上拒绝H_0接受H_1.其结论为:高三年级男女生的本

次测试成绩,从总体上来说有极其显著差异,由于男生的样本平均数高于女生的样本平均数,所以可以推断高三年级男生总体成绩优于女生.

高三年级男女生本次测试的平均分与标准差统计表

高三年级(总分82)	男　生	女　生
平　均　分	70.55	67.43
标　准　差	5.3401	5.937

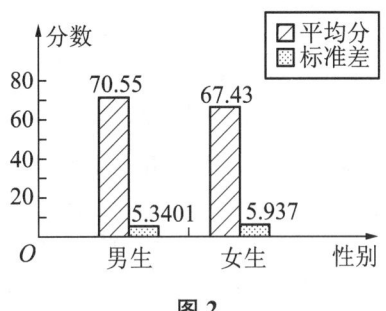

图 2

九年级、高三年级男生对数学化语言掌握的情况明显地优于女生,这个结论有点出乎我们事先的预料.

2. 不同学段的比较

我们试图研究随着年级的增高,数学化语言掌握情况有什么变化. 由于各个年级测试的题目数量不同,这项比较有一定难度. 考虑到从九年级到高三年级都做了前四个部分,为了便于比较,把本次测试中,九年级到高三年级的前四个部分的测试情况进行了统计研究.

九年级到高三年级前四部分成绩统计表(满分都是60分)

年　　　级	九年级	高一年级	高二年级	高三年级
人　　数	165	152	145	157
平　均　分	46.65	48.21	49.05	51.39
标　准　差	7.08	6	6.04	5.86

从测试结果来看,总体情况可以. 学生的正确率大致上随年级的增高而提高,标准差也有缩小的趋势.

（1）九年级与高一年级间的比较:

① 提出假设: $H_0: \mu_1 = \mu_2$, $H_1: \mu_1 \neq \mu_2$
(μ_1:九年级平均数, μ_2:高一年级平均数).

② 两组成绩假定是从两个正态总体随机抽取的独立样本,且经方差齐性检验知两个总体方差为齐性,由于两个样本容量较大,所以可用 Z 检验近似处理,计算得 $Z=$

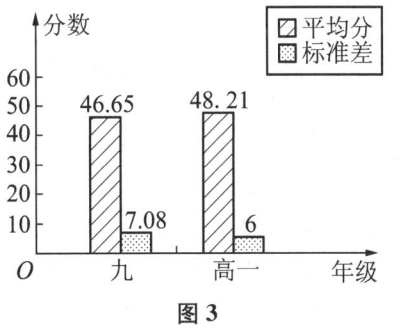

图 3

-2.1216.

③ 根据 Z 检验统计决断规则，$1.96 = Z_{0.05} < |Z| = 2.1216 < 2.58 = Z_{0.01}$，则 $0.01 < P < 0.05$，于是在 0.05 显著性水平上拒绝 H_0 接受 H_1. 其结论为：九年级与高一年级的本次测试成绩，从总体上来说有显著差异，由于高一年级的样本平均数高于九年级的样本平均数，所以可以推断高一年级总体的成绩优于九年级.

(2) 高一年级与高二年级间的比较：

① 提出假设：$H_0: \mu_1 = \mu_2$，$H_1: \mu_1 \neq \mu_2$ (μ_1：高一年级平均数，μ_2：高二年级平均数).

② 两组成绩假定是从两个正态总体随机抽取的独立样本，且经方差齐性检验知两个总体方差为齐性，由于两个样本容量较大，所以可用 Z 检验近似处理，计算得 $Z = -1.2019$.

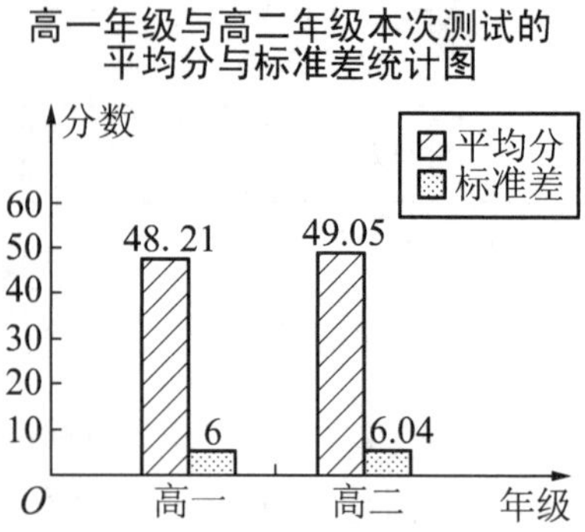

③ 根据 Z 检验统计决断规则，$|Z| = 1.2019 < 1.96 = Z_{0.05}$，则 $P > 0.05$，于是在 0.05 显著性水平上保留 H_0 而拒绝 H_1. 其结论为：高一年级与高二年级的本次测试成绩，从总体上来说没有显著差异.

高一年级与高二年级本次测试的平均分与标准差统计图

图 4

(3) 高二年级与高三年级间的比较：

① 提出假设：$H_0: \mu_1 = \mu_2$，$H_1: \mu_1 \neq \mu_2$ (μ_1：高二年级平均数，μ_2：高三年级平均数).

② 两组成绩假定是从两个正态总体随机抽取的独立样本，且经方差齐性检验知两个总体方差为齐性，由于两个样本容量较大，所以可用 Z 检验近似处理，计算得 $Z = -3.4121$.

③ 根据 Z 检验统计决断规则，$|Z| = 3.4121 > 2.58 = Z_{0.01}$，则 $P < 0.01$，于是在 0.01 显著性水平上拒绝 H_0 接受 H_1. 其结论为：高三年级与高二年级的本次测试成绩，从总体上来说有显著差异，由于高三年级的样本平均数高于高二年级的样本平均数，所以可以推断高三年级总体的成绩优于高二年级.

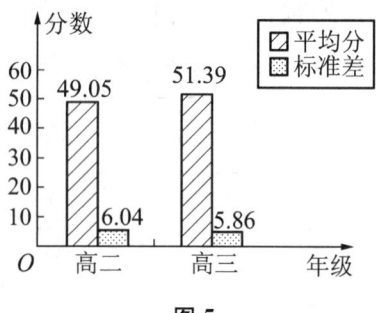

高二年级与高三年级本次测试的平均分与标准差统计图

图 5

3. 与数学成绩的相关性

我们希望了解学生数学化语言掌握情况和数学成绩的关系，因为九年级、高三年级的数学成绩是统考成绩，有可比性，所以，我们对九年级、高三年级学生的数学成绩和本次测试的成绩作比较.

需要说明，九年级、高三年级的数学成绩均已折算为 100 分制，九年级本次测试成绩满分为 60 分，高三年级本次测试成绩满分为 82 分.

本次测试显示,总的来说,学生的数学成绩和本次测试成绩是有一定的相关性的:

九年级、高三年级本次测试成绩与
数学成绩统计表

成绩 \ 年级	九年级	高三年级
数学成绩	88.92	77.3
本次测试成绩	46.65	68.94

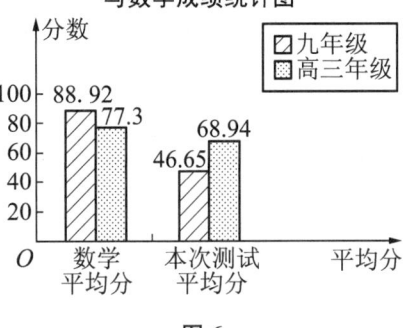

图 6

九年级学生数学成绩与本次测试成绩间有一定的相关性,它的相关系数为 0.5664.

高三年级学生数学成绩与本次测试成绩间有一定的相关性,它的相关系数为 0.3275.

九年级学生的相关程度高于高三年级学生,这提示了:在初中阶段,可能更需要重视数学化语言的学习和运用,这对数学成绩的提高有一定的作用,即初中阶段可能是数学化语言学习和运用的重点.

4. 与语文成绩的相关性

我们顺便统计了学生本次测试成绩和语文成绩的相关性.结果是:

九年级学生语文成绩与本次测试成绩间是弱相关的,它的相关系数为0.3262;
高三年级学生语文成绩与本次测试成绩间也是弱相关的,它的相关系数为 0.2417.

5. 不同的数学学习水平的学生的比较

既然初中阶段是数学化语言学习和运用的重点,那么初中阶段的数学水平不同的学生和其掌握数学化语言情况又有什么关系呢？于是,我们还做了这样的统计:

将九年级数学成绩(已折算为100分制)按中位数分成两部分(第一部分是成绩大于等于中位数的学生,第二部分是小于中位数的),比较每一部分与其相应的本次测试成绩(满分60分)间的相关性.结果如下:

第一部分的数学成绩与本次测试成绩间没有相关性;

第二部分的数学成绩与本次测试成绩间有一定的相关性,相关系数为 0.6295.

九年级两部分学生本次测试成绩的
平均分与标准差统计表

本次测试	第一部分	第二部分
平 均 分	47.58	42.21
标 准 差	6.24	8.60

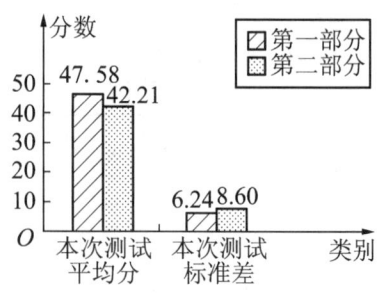

图 7

九年级两部分学生数学成绩与
本次测试成绩平均分统计表

两个成绩平均分	第一部分	第二部分
数学成绩	95.14	81.80
本次测试成绩	47.58	42.21

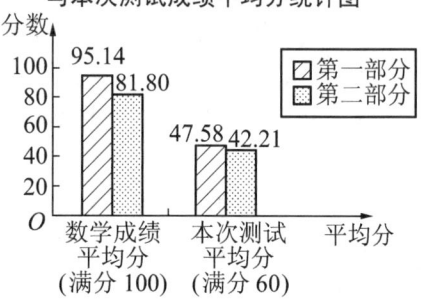

图 8

九年级两部分学生数学成绩与
本次测试成绩标准差统计表

两个成绩标准差	第一部分	第二部分
数学成绩	2.86	7.67
本次测试成绩	6.24	8.60

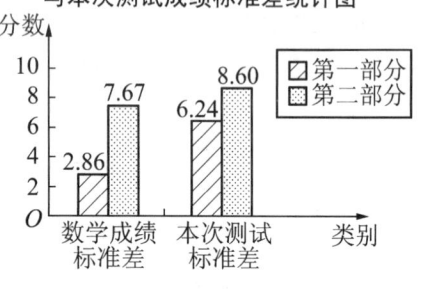

图 9

这个统计结果提示,初中生中数学成绩中下等的学生掌握数学化语言的水平和数学成绩的关系可能更大,他们应该是数学化语言教学的重点.

6. 各语言知识点的掌握情况

初中掌握得较好的考点是:

第一部分的第12题(考查点:不大于)、第16题(考查点:且、或)、第17题(考查点:互为);

第二部分的第1题(考查点:只要……就有……)、第4题(考查点:如果……那么……)、第9(1)题(存在一条直线,使点 K、L、M 三点都在这条直线上)、第12题(考查点:都不)、第14题(考查点:两两平行)、第16题(考查点:两两相交).

这些题的平均正确率都在90%以上.高中上述各题的正确率均在92%以上,并有35个考点正确率在90%以上.这里的正确率=$\dfrac{\text{答题正确人数}}{\text{实际答题人数}}\times 100\%$.

正确率在60%以下的初中有12题,高中有13题,其中有9道题目是共同的,问题比较集中.列表如下(其中用黑体表示的是初中、高中正确率都低的题):

正确率比较低的试题表

题 号	初中平均正确率	高中平均正确率	注
一 1	**39.68%**	**56.83%**	**逻辑用词(特称量词)**
一 5	**35.56%**	**52.64%**	**逻辑用词(至少量词)**
一 9	59.84%	66.96%	几何作图用词
一 10	59.37%	75.77%	几何作图用词
一 13	54.29%	81.06%	逻辑用词(命题的否定)
一 14	**9.21%**	**40.09%**	**逻辑用词(命题的否定)**
一 15	**24.44%**	**55.29%**	**逻辑用词(命题的否定)**
二 13	**27.18%**	**44.93%**	**逻辑用词(命题的理解)**
三 2	83.98%	56.17%	几何作图用词
三 6(1)	**53.11%**	**54.41%**	**几何作图用词**
三 7(1)	**46.58%**	**37.44%**	**逻辑用词(命题改写)**
三 7(2)	**27.33%**	**37.44%**	**逻辑用词(制造逆命题)**
三 8(2)	**46.58%**	**36.56%**	**逻辑用词(制造逆命题)**
五 3		41.41%	逻辑用词(充要条件、且)
五 7		22.47%	逻辑用词(量词、且、或)
六 2		58.28%	逻辑用词(全称量词、特称量词)

从测试结果看,有几个情况值得注意:

第一,涉及对象间关系的常用词情况可以,如"互相"、"互为"、"所夹"、"所对"、"对应"、"总共"、"分别"、"或"、"且"、"如果……那么……"、"两两平行"、"两两相交"等.

第二,几何作图用词情况不容乐观.第一部分的第9、10题考查作图用词,即使是九年级学生正确率也只是68.48%,高三年级学生正确率为73.25%和80.26%,其中初中C层学生差错较多.第三部分的第6(1)题考查"延长"一词,情况也不理想.

第三,和逻辑知识相关的词问题严重,本次测试中正确率低于50%的全部和逻辑有关.所涉及的逻辑知识主要是以下三种情况:

第一种,逻辑量词("每一个"、"有一个"、"至少有一个"等);

第二种,命题的否定;

第三种,命题的四种形式.

下面分别予以分析:

第一种,涉及逻辑量词的有第一部分的第1~6题等.

譬如第一部分的第1、2两题,一题是

"有一个整数是负数",

另一题是

"至少有一个整数是负数",

两题都应选"正确".初中71.11%的被测者认同后者,但只有39.68%的被测者认同前者.高中85.90%的被测者认同后者,56.83%的被测者认同前者.被测者有意无意地把"至少有一个"理解为"多于一个",而把"有一个"理解成"唯一一个".实际上"有一个"没有排斥,或者说已经隐含了"有两个、三个、……",所以就是"至少有一个".

第二种,涉及了命题的否定的有第一部分的第13~15题等.

对于简单判断的否定,被测者正确率有时是可以的,如第一部分的第12题:

"a 不大于 b"的意义,

平均正确率初中达到92.86%,高中达到99.78%,但是,同样是简单判断,如第一部分的第13题:

和"a 是正数"这句话真假正好相反的是……,

正确率初中只有54.29%,高中为81.06%,两者还是有较大的差别的,其原因可能是前者用符号($\leqslant$、$\geqslant$、$<$、$>$)表达,后者用自然语言表达,这说明,符号有时可能更容易理解.因为这些符号($\leqslant$、$\geqslant$、$<$、$>$)不但简洁,而且具有直觉.

对于复杂的判断的否定,情况很糟糕.所谓复杂判断是指否定词和逻辑连接词连用,以及否定词和逻辑量词连用,在语言上常常用了"不都"、"都不"这样的词.

第一部分的第14题:

和"在某班,所有的女生都参加校歌咏队"这句话真假正好相反的是……,

其正确率是本次初中测试最低的,为9.21%;高中正确率为40.09%.

第 15 题：

和"在某班,有一位学生是团员"真假情况相反的是……,

正确率初中为 24.44%,高中也只有 55.29%.

第二部分第 13 题：

"a、b 不都为 0"的意义,

正确率初中是 27.18%,高中为 44.93%.

第五部分第 7 题：

若函数 $y = f(x)$, $x \in \mathbf{R}$ 为非奇非偶函数,则(　　).

(A) 对于任意的 $x_0 \in \mathbf{R}$,都有 $f(-x_0) \neq f(x_0)$ 且 $f(-x_0) \neq -f(x_0)$

(B) 存在 $x_0 \in \mathbf{R}$,使得 $f(-x_0) \neq f(x_0)$ 且 $f(-x_0) \neq -f(x_0)$

(C) 存在 x_1、$x_2 \in \mathbf{R}$,使得 $f(-x_1) \neq f(x_1)$ 且 $f(-x_2) \neq -f(x_2)$

(D) 对于任意的 $x_0 \in \mathbf{R}$,都有 $f(-x_0) \neq f(x_0)$ 或 $f(-x_0) \neq -f(x_0)$

正确率是本次高中测试最低的 22.47%.

但是出乎意料的是第一部分的第 7 和第 11 题,都是涉及了"一致型命题"、"随变型命题"[①],是一个逻辑结构很复杂的命题,好多大学生弄不清楚"一致连续"、"一致收敛"的意义,原因之一就在于对这种逻辑结构不熟悉.但这些初中被测者竟然做得很好,前者的平均正确率是初中 83.65%,高中 89.87%,后者是初中 71.75%,高中 69.16%.其至 C 层学生的正确率也很高,初中 C 层前者正确率是 74.81%,后者是 62.60%,六年级的小朋友,前者的正确率是 81.76%,后者的正确率是 68.55%.而高中 C 层学生的正确率前者是 85.58%,后者是 75%,其原因有待于进一步研究.

第三种,涉及四种命题形式的有第三部分的第 7、8(2)题等.第三部分第 7(2)题正确率初中只有 27.33%,高中为 38.33%.

由测试的结果,我们认为,几何作图用词和有关逻辑的用词(特别是量词、否定和命题四种形式)是加强的重点.

对于几何作图用词,不要以为这几十年来,几何作图的要求已经大大地削弱,所以就不给予重视.尽管作图要求是降低了,但是在证明命题时常常要写辅助线作法;更重要的是作图的作法要体现出可能性和确定性,这是数学素质的一种表现,所以掌握与作图相关的语言还是很重要的.

由于现行教材都是将几何、代数内容交叉在一起的,所以作图用词不要集中教学,应该随几何知识的教学逐步进行.

对于与逻辑有关的词,笔者认为应该引起高度重视.我国的数学教育,从小学到大学,只有少数的场合讲授了四种命题形式,其他就没有专门讲授过与逻辑有关的词了.大学一年级学生学习极限定义(任给 ε……都存在 N……使……)时感到很

---

① 陈永明. 一致型命题和赋值法. 数学通报,1990,12. 在该文献中,把具有"$\exists x \forall y P(x, y)$"结构的命题叫一致型命题,把具有"$\forall x \exists y P(x, y)$"这样结构的命题叫随变型命题

困难,原因就是从来没有遇到过这样复杂的语句.

有关逻辑的词语,要有一个孕伏、初步出现、理解、练习、掌握的过程,也不要期望在初中阶段得到彻底的解决. 总之,既要积极前进,也不能操之过急.

四、结 论

1. 从初三到高三的测试成绩统计看,数学化语言的水平大致上是随年级的提高而提高;A、B、C 三层学校的测试成绩也大致上呈递降趋势.

从九年级和高三年级学生在本次测试中的成绩看,男生在本次测试中成绩明显地优于女生.

本次测试成绩和语文成绩呈弱相关.

2. 从九年级和高三年级学生在本次测试中的成绩和数学成绩的比较看,总的来说,学生的数学成绩和本次测试成绩有一定的相关性.九年级学生数学成绩与本次测试成绩间的相关系数为 0.5664.高三年级学生数学成绩与本次测试成绩间的相关系数为 0.3275.

九年级学生的相关程度高于高三年级学生,这提示了:初中阶段可能是数学化语言学习和运用的重点.

3. 将九年级数学成绩按中位数分成两部分(第一部分是成绩大于等于中位数的学生,第二部分是小于中位数的),统计结果是:

第一部分的数学成绩与本次测试成绩间没有相关性;

第二部分的数学成绩与本次测试成绩间有一定的相关性,相关系数为 0.6295.

这个结果提示:初中数学成绩中下等的学生可能是数学化语言学习和运用的重点中的重点.

4. 从各个语言知识点看,首先是几何作图用词情况不容乐观.其次,和逻辑知识相关的词问题严重,本次测试中正确率低于 50% 的全部和逻辑有关. 所涉及的逻辑知识主要是逻辑量词("每一个"、"有一个"等)、命题的否定和命题的四种形式等三方面.

五、本次测试的不足之处和尚待解决的问题

我们并不认为这次测试是没有缺点的. 首先是本次测试,每道题目考查的语言知识点都比较单一,都是客观题,尽管这样做可以保证被测者负担不至于很重,容易得到他们的配合,但是深度不够,在单一的情况下理解正确,未必能够保证在复杂场合下也理解正确. 今后有机会应该做些访谈,弄清楚在复杂情况下,被测者究竟是怎么理解的.

其次是样本还不够大.

这次测试中,尽管总的来说,高年级的成绩优于低年级,但是也有不十分"正常"的数据出现,如有些题目,高年级的正确率反不如低年级:初中第一部分第 8

题,第二部分第 12 题;高中第一部分第 18 题、第二部分第 18 题、第三部分第 2 题.

另外,高中有 5 道题出现了 A、B、C 层的"倒挂"现象,即 A、B、C 层的正确率是从小到大的,它们是:

高中 A、B、C 层"倒挂"的试题表

题　　号	A 层正确率	B 层正确率	C 层正确率	考　　点
一 8	83.33%	83.47%	87.50%	以……为圆心,以……为半径
一 9	63.89%	67.77%	68.27%	任作
一 19	88.89%	95.87%	97.12%	各自、分别
三 5(3)	81.48%	85.12%	87.50%	同一底上的
五 4	75.00%	77.69%	80.77%	否命题、都不是、不都是

现在我们没有办法对此进行解释,或许在更大样本的测试中会得到澄清.

三是由于缺少权威的统一成绩,我们只对九年级、高三年级进行了本次测试成绩和数学成绩(九年级用上海市中考成绩,高三年级用区模拟考成绩)的对比分析.如果能够对各个年级都进行这样的分析,可能就更能够说明问题.

四是测试是在我国沿海发达地区(上海市)中的一个中心城区(徐汇区)进行的,尽管测试对象的选择有代表性,但对全国来说可能并不典型.

附录　测试题和答案

数学中的有关词句的测试

亲爱的同学们:

你们肯定感觉到,数学里的有些词句很难懂,有的同学因为对有些词句不理解,影响了数学学习.为了了解同学们对数学词句理解的情况,以便于我们改进教学,我们编制了一张测试卷,请大家做一下.**测试的结果不记入你的学习手册,也不影响你的任何利益.**

由于各年级学生理解数学知识的多少不相同,我们要求六年级学生只做第一部分,七年级学生做第一、二两部分,八年级学生做第一、二、三部分,九年级学生做第一、二、三、四部分,高一年级学生做第一、二、三、四、五部分,高二年级学生做第一、二、三、四、五、六部分,高三年级学生做全卷.谢谢大家!

徐汇区数学中的语言问题研究组

学校_____ 年级_____ 姓名_____ 性别_____

第 一 部 分

一、判断题:(正确的打"√",错误的打"×",没有把握的可以打"△")

1. 有一个整数是负数. (√)
2. 至少有一个整数是负数. (√)
3. 有一个数,它和一切数的乘积都是0. (√)
4. 只有一个数,它和一切数的乘积都是0. (√)
5. 至少有一个数,它和一切数的乘积都是0. (√)
6. 至多只有一个数,它和一切数的乘积都是0. (√)
7. 下列两句话,意思是一样的: (×)
   A. 有一件展品,每个参观者都喜欢.
   B. 每个参观者都喜欢一件展品.

根据下列(第8~10题)作法,能够画出相应图形,而且画出的图形是确定的:

8. 以点 A 为圆心、2为半径画圆. (√)
9. 在 $\angle AOB$ 中,任作射线 AC,使 $\angle AOC = \angle COB$. (×)
10. 过点 A 作 $AB = 3$. (×)
11. 下列两句话,意思是一样的: (×)
    A. 有一个数,它比所有的正数小.
    B. 对于所有的正数来说,都有一个数,比它们小.

二、选择题:(只选一个答案)

12. a 不大于 b,就是(B).
    (A) $a < b$ (B) $a \leqslant b$ (C) $a > b$ (D) $a \geqslant b$

13. 和"a 是正数"这句话真假(就是对和错)正巧相反的是(A).
    (A) a 不是正数 (B) a 是负数 (C) a 是非负数

14. 和"在某班,所有的女生都参加校歌咏队"这句话真假(就是对和错)正好相反的是(C).
    (A) 所有的女生都不参加校歌咏队 (B) 有的女生是校歌咏队队员
    (C) 有的女生不参加校歌咏队

15. 和"在某班,有一位学生是团员"真假情况相反的是(C).
    (A) 有一位学生不是团员 (B) 每一位学生是团员
    (C) 每一位学生都不是团员

16. 选择适当的词:
    (A) 且 (B) 或
    (1) 一个数是正数,_____又是整数,那么这个数是正整数; (A)
    (2) 如果两个数 a、b 的乘积等于0,那么,$a = 0$ _____ $b = 0$; (B)

(3) a 是正数，_____b 也是正数，那么可以说，a、b 都是正数. (A)

三、填空题：

17. 和 -0.5 互为相反数的数是 ___0.5___ .
18. 连续三个偶数中最大的是 18，那么这三个偶数是 ___14、16、18___ .
19. 甲组有男生 30 人，乙组有男生 24 人，甲、乙两组的男生人数是各自班里的女生人数的 2 倍，则甲、乙两组的女生人数分别是 ___15___ 和 ___12___ .
20. 3 个人互相握手，总共握了 ___3___ 次；4 个人互相握手，总共握了 ___6___ 次.
21. 在 $\triangle ABC$ 中，$\angle A$、$\angle B$ 互为余角，那么这个三角形是 ___直角三角形___ .

第 二 部 分

一、判断题：(正确的打"√"，错误的打"×"，没有把握的可以打"△")

1. 只要 $a = b$，就有 $a^2 = b^2$. (√)
2. 要 $a = b$，只需 $a^2 = b^2$. (×)
3. 要 $a^2 = b^2$，必须 $a = b$. (×)
4. 如果 $a = b$，那么 $a^2 = b^2$. (√)
5. 当且仅当 $a = b$ 时，$a^2 = b^2$. (×)
6. 只有 $a = b$，才有 $a^2 = b^2$. (×)
7. 同角的补角都相等. (√)
8. 在一个三角形中，有两条边是相等的，那么这个三角形可能是等边三角形. (√)
9. 对于 $\triangle KLM$ 的三个顶点 K、L、M 来说：
   (1) 存在一条直线，使点 K、L、M 三点都在这条直线上. (×)
   (2) 不存在一条直线，使点 K、L、M 三点都在这条直线上. (√)
   (3) 存在一条直线，使点 K、L、M 三点都不在这条直线上. (√)

二、选择题：(只要选一个答案)

10. 在下列各式中，表示 a 与 b 的平方和的倒数是(A).

    (A) $\dfrac{1}{a^2+b^2}$ (B) $\dfrac{1}{(a+b)^2}$

    (C) $\dfrac{1}{a^2}+\dfrac{1}{b^2}$ (D) 以上均不正确

11. 一个数与它的一半的平方和是 5，设这个数为 x，则可列方程为(C).

    (A) $\left(x+\dfrac{x}{2}\right)^2 = 5$ (B) $x^2+\dfrac{x^2}{2} = 5$

    (C) $x^2+\left(\dfrac{x}{2}\right)^2 = 5$ (D) 以上都不正确

12. "a、b 都不为 0" 这句话的含义是下列各种情况中的(D).

    (A) $a = 0, b = 0$ (B) $a \neq 0, b = 0$

(C) $a=0, b\neq 0$ (D) $a\neq 0, b\neq 0$

13. "a、b 不都为 0" 这句话的含义是下列各种情况中的(A).
    ① $a=0, b=0$;   ② $a\neq 0, b=0$;
    ③ $a=0, b\neq 0$;   ④ $a\neq 0, b\neq 0$.
    (A) ②、③、④   (B) ②、③   (C) ②、④   (D) ③、④

三、填空题：

14. 平面上有三条直线，两两平行，是不是可能？ __可能__ ．
15. 平面上有三条直线，两两垂直，是不是可能？ __不可能__ ．
16. 平面上有三条直线，两两相交，是不是可能？ __可能__ ．
17. 在 △ABC 中，AB 所对的角是 __∠C__ ，BC、CA 所夹的角是 __∠C__ ．
18. △ABC ≌ △DEF，其中，AB = EF，BC = FD，∠ABC = ∠EFD，那么 ∠BCA 的对应角是 __∠FDE__ ，CA 的对应边是 __DE__ ．

第 三 部 分

一、判断题：(正确的打"√"，错误的打"×"，没有把握的可以打"△")

1. 如果 x、y 成反比例，那么它们的乘积是定值． (√)
2. 过一点任作一直线可垂直于已知直线． (×)
3. 三角形的任一外角大于任一内角． (×)
4. 线段 AB 垂直平分线 CD 上的任一点到 A、B 两点的距离都相等． (√)
5. 以下句子中，哪些句子中的画了线的字词若省去，原意不发生变化？
   (1) 在直角三角形中，如果一条直角边等于斜边的一半，那么<u>这条</u>直角边所对的角等于 30 度． (×)
   (2) 线段中垂线上的<u>任意</u>点到线段两端距离相等． (√)
   (3) <u>同一</u>底上的两个内角相等的梯形是等腰梯形． (×)
6. 下面的关于作法的叙述合理吗？
   (1) 延长直线 AB 到 C，使 BC = AB． (×)
   (2) 过直线 AB 外一点 P，作 AB 的垂线 PD，垂足为 D，并使 AD = DB． (×)
7. (1) 将命题"对顶角相等"改写为"如果对顶角，那么相等"，是否正确？ (×)
   (2) 命题"对顶角相等"的逆命题是不是"如果两个角相等，那么这两个角是对顶角"？ (√)
8. (1) 将命题"等腰三角形底角相等"改写为"如果一个三角形是等腰三角形，那么它的底角相等"，是否正确？ (√)
   (2) 命题"等腰三角形底角相等"的逆命题是否是"如果一个三角形的底角相等，那么它是等腰三角形"？ (×)

二、选择题:(只要选一个答案)

9. 方向相同_____长度相等的两个向量称为相等向量,方向相同_____相反的两个向量叫做平行向量. (C)

(A) 且,且 　　　　(B) 或,或 　　　　(C) 且,或 　　　　(D) 或,且

第 四 部 分

判断题:(正确的打"√",错误的打"×",没有把握的可以打"△")

1. 圆内存在一个点,使这个圆的任一条弦的垂直平分线都经过这个点. (√)
2. 垂直于切线的直线必经过切点. (×)
3. 在直角三角形 ABC 中,如果有一个锐角 $\angle A$ 是确定的,那么 $\angle A$ 的对边和直角三角形的斜边的比值是定值. (√)

第 五 部 分

选择题:(只选一个答案)

1. 和"我班至少有两个学生是区三好学生"意义相反的句子是(B).
   (A) 我班至少有两个学生不是区三好学生
   (B) 我班至多有一个学生是区三好学生
   (C) 我班至少有一个学生是区三好学生
   (D) 我班至多有两个学生是区三好学生

2. "$x+y=7$"是"$x=3$ 且 $y=4$"的(B)条件.
   (A) 充分不必要 　　　　(B) 必要不充分
   (C) 充要条件 　　　　(D) 既非充分又非必要

3. "$x+y \neq 7$"是"$x \neq 3$ 且 $y \neq 4$"的(D)条件.
   (A) 充分不必要 　　　　(B) 必要不充分
   (C) 充要条件 　　　　(D) 既非充分又非必要

4. 命题"若 a、b 是偶数,则 $a+b$ 是偶数"的否命题是(C).
   (A) 若 a、b 是奇数,则 $a+b$ 是偶数
   (B) 若 a、b 都不是偶数,则 $a+b$ 不是偶数
   (C) 若 a、b 不都是偶数,则 $a+b$ 不是偶数
   (D) 若 a、b 不都是偶数,则 $a+b$ 是偶数

5. 若函数 $y=f(x)$,$x \in \mathbf{R}$ 是偶函数,则(B) $x_0 \in \mathbf{R}$,都有 $f(-x_0)=f(x_0)$.
   (A) 存在一个 　　(B) 对于任意的 　　(C) 至少有一个 　　(D) 不存在

6. "设函数 $y=f(x)$ 的定义域为 $\mathbf{R}$,若_____$x_0 \in \mathbf{R}$,使得对_____$x \in \mathbf{R}$ 都有 $f(x) \leqslant f(x_0)$,则 $f(x_0)$ 是函数 $f(x)$ 的最大值"命题中两空格顺序应该是(B).

(A) 任意,存在 (B) 存在,任意
(C) 任意,任意 (D) 存在,存在

7. 若函数 $y=f(x)$, $x\in \mathbf{R}$ 为非奇非偶函数,则(C).
   (A) 对于任意的 $x_0\in \mathbf{R}$,都有 $f(-x_0)\neq f(x_0)$ 且 $f(-x_0)\neq -f(x_0)$
   (B) 存在 $x_0\in \mathbf{R}$,使得 $f(-x_0)\neq f(x_0)$ 且 $f(-x_0)\neq -f(x_0)$
   (C) 存在 x_1、$x_2\in \mathbf{R}$,使得 $f(-x_1)\neq f(x_1)$ 且 $f(-x_2)\neq -f(x_2)$
   (D) 对于任意的 $x_0\in \mathbf{R}$,都有 $f(-x_0)\neq f(x_0)$ 或 $f(-x_0)\neq -f(x_0)$

8. 命题"存在这样的 x、y 使 $\cos(x+y)=\cos x\cos y+\sin x\sin y$"(A).
   (A) 正确 (B) 错误 (C) 不一定

第 六 部 分

选择题:(只选一个答案)

1. "以方程 $F(x,y)=0$ 的解为坐标的点都在曲线 C 上"是"曲线 C 的方程为 $F(x,y)=0$"的(B).
   (A) 充分不必要条件 (B) 必要不充分条件
   (C) 充要条件 (D) 既不充分又不必要条件

2. 异面直线的意义是:存在两个不同的平面,两直线分别在这两个平面内.这句话(B).
   (A) 正确 (B) 错误 (C) 不一定

3. 下列命题正确的是(B).
   (A) 若 $a=0$ 且 $b=0$,则 $z=a+bi$ 是纯虚数
   (B) 若 $a=0$ 且 $b\neq 0$,则 $z=a+bi$ 是纯虚数
   (C) 若 $a\neq 0$ 且 $b=0$,则 $z=a+bi$ 是纯虚数
   (D) 若 $a\neq 0$ 且 $b\neq 0$,则 $z=a+bi$ 是纯虚数

第 七 部 分

一、判断题:(正确的打"√",错误的打"×",没有把握的可以打"△")

1. 给出题目是:"有 A、B、C、D、E 5 件展品排成一列展出,则 A、B、C 3 件展品不都相邻的排法有_____种."某同学认为:"A、B、D、E、C"这样的一个排列是符合题目要求的. (√)

2. 在解"有 A、B、C、D、E 5 件展品排成一列展出,则 A、B、C 3 件展品不都相邻的排法有_____种."这个题目的时候,可以用反面扣除的方法,即在 5 件展品的全排列中扣除 A、B、C 都相邻的排列数. (√)

3. 给出题目是:"语、数、外、理、化 5 本书分给甲、乙、丙 3 个学生,每人至少 1 本,则有_____种不同的分法."

下列这种分法:"甲——语数外,乙——理,丙——化"是符合题意的. （√）

下列这种分法:"甲——语数理化,乙——外"是符合题意的. （×）

4. 给出题目"语、数、外、理、化 5 本书分给甲、乙、丙 3 个学生,恰好有 1 个学生得 1 本,则有_____种不同的分法."

下列这种分法:"甲——语数外,乙——理,丙——化"是符合题意的. （×）

下列这种分法:"甲——语数理化,乙——外"是符合题意的. （√）

二、填空题:

1. 有 A、B、C、D、E 5 件展品排成一列,则 A 既不排在首位,也不排在末位,请举一个符合题意的例子:如 $BACDE$.

2. A、B、C、D、E、F 共 6 本书,分成 3 份,送给甲、乙、丙 3 位学生,每人 1 份,有_____种不同的送法.请举一个符合题意的例子:如甲——A,乙——B、C,丙——D、E、F.

3. A、B、C、D、E、F 共 6 本书,平均分成 3 份,送给甲、乙、丙 3 位学生,每人 1 份,有_____种不同的送法.请举一个符合题意的例子:如甲——A、B,乙——C、D,丙——E、F.

4. 某班有正、副班长和 A、B、C、D、E、…共 40 位同学,若要选派 6 名同学参加某学科小组,则

(1) 正、副班长**不都**入选的选法有多少种方法?
请举一个符合题意的选派法:如正班长、A、B、C、D、E;

(2) 正、副班长**有且只有一人**入选的选法有多少种方法?
请举一个符合题意的选派法:如正班长、A、B、C、D、E.

四、数学化语言的地位和面临的任务

一、准确流畅是数学教学双基之一

笔者认为,学好数学化语言,应该是数学教学双基的一部分,数学教学语言是数学教育学的一部分.

张奠宙教授的《中国数学双基教学》里总结了中国数学双基的四个特征:记忆通向理解以至形成直觉,运算速度保证思维效率,重视逻辑演绎保持严谨准确,"重复"通过变式得以发展.

除了上面四点之外,笔者认为,我国数学教学有强调语言的准确流畅的传统,上海的前辈数学教育家赵宪初先生生前曾提倡数学教学中有时要"咬文嚼字"的观点.(需要指出的是,应该从积极的方面理解赵老提出的"咬文嚼字"的提法,首先,"咬文嚼字"不等同于死扣每个字词句,而是对重要的字词句要体会"为什么一个字不能少,一个字不能多,一个字不能改";其次,"咬文嚼字"不等同于死记硬背,相反,我们主张在理解的基础上用自己的语言表达出来.)强调语言的准确流畅,这对学生正确理解数学起到了很大的作用,是我国数学教学的重要经验.因此从这个角度说,这似乎可以说是中国数学双基教学的又一个特征,至少可以说,语言的准确流畅,应该是数学教学双基内容之一.

二、数学化语言研究的任务

数学化语言的研究应该有以下三项任务:
(1) 数学中某些词句的规范化研究;
(2) 帮助教师和学生掌握带数学特点的词语;
(3) 研究在数学课上学生的语言障碍的表现、原因,以及克服的方法.

为了完成这些任务,需要全体数学教师的努力,全体数学教育家的努力,我们就是想在第 2 条和第 3 条任务方面做点工作.但是,由于数学化语言问题是教育教学的重要部分,很多问题都关系到全局,不是一两个人能够说了算的,因此,课标和教材有决定性的作用.

三、应在课标中得到强化

既然数学教学中的语言的准确流畅,应该是数学双基内容之一,那么,首先应该在数学课程标准中得到强化,作为一个教学目标,作为一个基本要求提出来.现行的国家课程标准首次提出了语言问题,这是一个进步.但只有一个地方提到了本文意义上的语言问题,并且没有独立提出,而是作为推理能力的一个附属品提出的:"推理能力主要表现在:能通过观察、实验、归纳、类比等获得数学猜想,并进一步寻求证据、给出证明或举出反例;能清晰、有条理地表达自己的思考过程,做到言之有理、落笔有据;在与他人交流的过程中,能运用数学语言合乎逻辑地进行讨论与质疑."课程标准对知识、情感、能力等有比较具体的要求,但对语言没有具体的要求,譬如要求掌握哪些词,哪些短语,哪些句式,都不明确.显然这是需要改进的.

而且,语文的课程要求和数学的课程要求是严重脱节的,数学中已经要用到的词、短语、句型,在语文里严重滞后,因此,数学、语文的课程标准要相互协调.

四、教材应该有明确的语言要求,并起到规范语言的作用

现行的教材,对掌握哪些数学基本知识,是有明确的要求的;对掌握哪些基本技能,虽然没有数学知识那么明显具体,但也是有的;而对掌握哪些相关的常用的语言,没有明确要求.在此我们主张:

第一,在保证以数学知识为线索的同时,要把语言的要求插入到教材里,可以用像网页上使用的"链接"的方式突出出来.譬如在学习列方程解应用题时,应该要求学生掌握"相向而行"、"增加到"等词语要求;在学习几何相关内容时,应该要求学生掌握"延长……到……"、"以……为圆心"等短语……在教材的页边上,或者练习里,或者其他适当的地方,相应标出:"应该掌握的词语:相向而行、增加到"和"应该掌握的短语:延长……到……、以……为圆心……"等.

第二,安排适当的训练.要结合数学知识专门配语言方面的习题.譬如,利用"如果……那么……"造句(内容应以涉及数学知识为宜);将某句数学语句缩句……

第三,教材必须对艰深的语句进行合理的铺垫,譬如,

经过直线外的一点,有且只有一条直线与已知直线平行. ………… ①
(上海2006数学课本7年级第2学期(试验本),p52)
这个命题的语句过于简练,教材应该先这样叙述:

有一条直线,这直线外还有一个点,经过这个点,可以画一条直线和原来的直线平行,而且也只可以画一条直线和原来的直线平行. ………… ②

然后再说,这句话②可以简单地写成①.甚至,可以在一定的时段里,就只讲②,到期末复习的时候再出现①.在考查要求上应该两者都允许(只要意义正确,学生用自己的语言表达都应该允许).这样通俗句式和精练句式同时出现,避免了死

记硬背,鼓励学生用自己的话来表述数学概念、定理,有利于对数学知识的理解,也有利于语言的发展.

第四,教材中强化数学教学中相关的语言,还必须对某些词、短语的意义和用法进行规范,甚至对某些符号、式子的读法进行规范.

譬如对"和"字的意义的理解,以及它与"或"字的区别.

吴大梁老师在《关于正确使用语言的几个问题》一文中,举了如下一个例子:

设 A、B 是 $\triangle ABC$ 的内角,$\cos A = \dfrac{3}{5}$,$\sin A = \dfrac{5}{13}$,则 $\sin(A+B)$ 等于(　　).

(A) $\dfrac{63}{65}$　　　　(B) $\dfrac{16}{65}$　　　　(C) $-\dfrac{33}{65}$

(D) $\dfrac{63}{65}$ 或 $-\dfrac{63}{65}$　　　(E) $\dfrac{16}{65}$ 或 $\dfrac{63}{65}$

本题内定答案是选 A,但有人认为,根据"或"的词义,D 也是正确的,E 也是正确的.这个题作为单项选择题是不是有语言问题呢?吴大梁老师认为是有问题的.

某市 1987 年高考试卷中有一道填空题,其大意是:一个方程对应两支曲线 $y = f(x)$,$y = g(x)$. 这道题的答案究竟应写作

$$y = f(x) \bigcup y = g(x),$$

还是

$$y = f(x) \text{ 和 } y = g(x),$$
$$y = f(x) \text{ 或 } y = g(x)$$

呢?写成"$y = f(x) \bigcup y = g(x)$"肯定是正确的,后两个究竟哪个正确呢?阅卷老师着实争论了一番.据说,最终认定"$y = f(x)$ 和 $y = g(x)$"是正确的,"$y = f(x)$ 或 $y = g(x)$"为错误的.消息传出,不少考生和高三数学教师忿忿不平.

这两个例子说明,"或"的意义究竟是什么,何时该用"或",何时该用"和",目前数学教育界看法是不一致的,教材应该有一个表态.

再譬如对"有"、"只有"的理解,杨裕前先生的意见,"有"等同于"至少有","只有"等同于"至多只有",这是正确的(见后文),但是把"有"、"只有"都理解为"有且只有"的,是比较普遍存在的现象,不但生活中如此,包括数学教材、教参和数学高考、中考试题也常有这类现象出现.

譬如,某教材上说,

过相异两点有一条直线.

这里的"有",实际上是代表了"有且只有".

某中考试题:

若关于 x 的函数 $y = (a-2)x^2 - (2a-1)x + a$ 的图像与坐标轴有两个交点,则 a 的可取值为_____.

命题者的意思是"有且只有两个",但有学生理解为"至少有两个".

另外，低年级学生接受这个观点看来有相当大的困难，要不要有个逐步精确的过渡？

再譬如对"当"字的理解，按理说，对下列填空题：

当 $x =$ _____ 时，$x^2 - x = 0$ 成立，

只填"0"，是正确的（只填"1"也是正确的），但是，目前普遍地认为，必须填"0 或 1"才是正确的，这就是说，把"当"理解为"当且仅当"了．

再譬如，"18 增加了 $\frac{1}{3}$"得到 $18\frac{1}{3}$，还是 $18 + 18 \times \frac{1}{3} = 24$？即其中的"$\frac{1}{3}$"表示分率还是数值，这类问题也需要有个统一的表示法．

符号的读法也亟须统一，比如 $\sqrt[n]{a}$，是读作"n 次根号下 a"，还是读成"a 开 n 次根"？$\sin^2 x$ 读作"$\sin x$ 的平方"还是"$\sin$ 平方 x"？$\sqrt{2x+1}$、$\sqrt{2x}+1$、$\sqrt{2}x+1$ 的读法应该怎样区分？

这种规范性的课题，不是一两个人可以说了算的，只有教材可以做到，教材也应该承担起这个责任．

词篇

CI PIAN

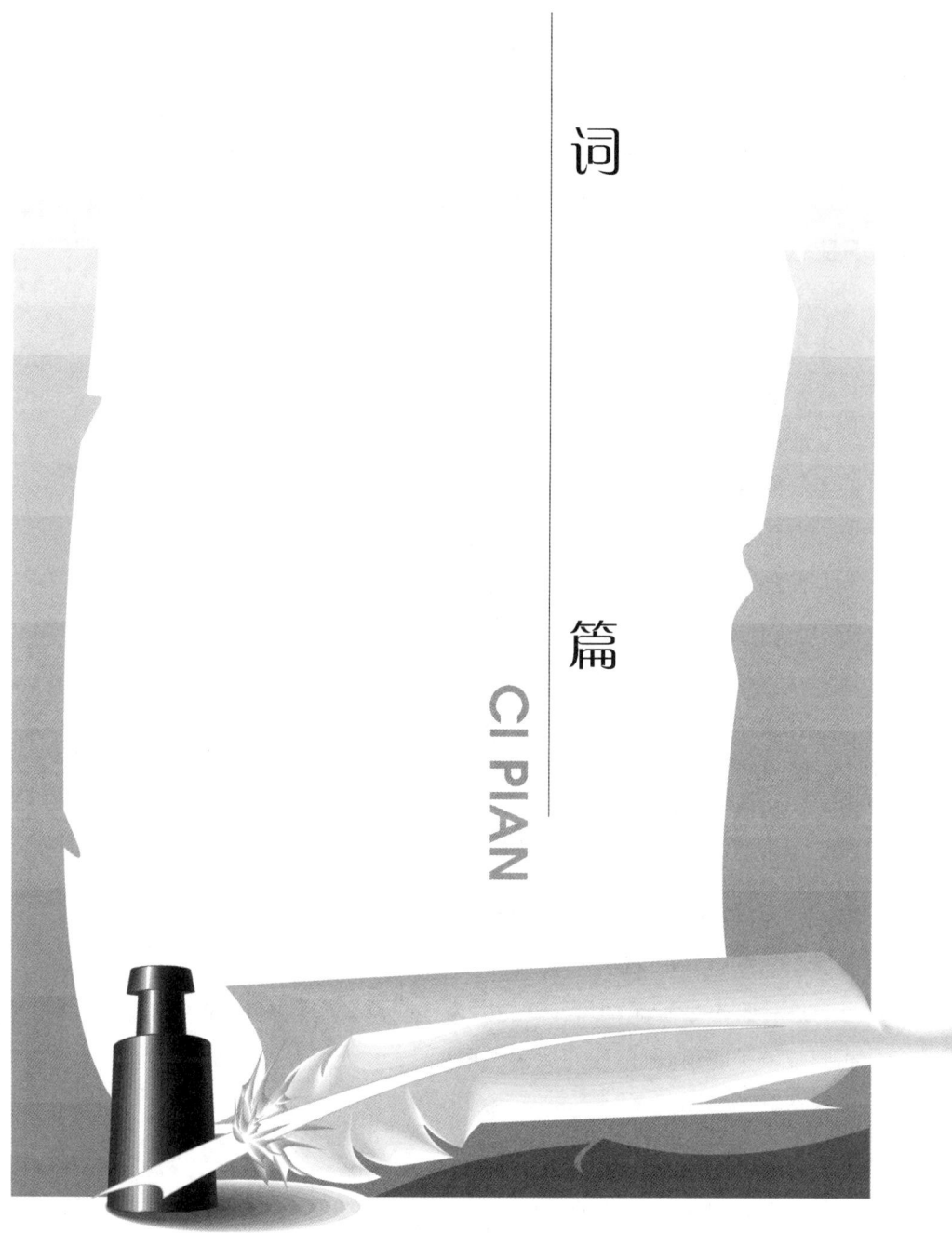

力求词义确切,是研究数学教学语言的重要课题,这也是和数学的严谨性相适应的.

在日常生活中,词的意思常常是通过解释来表达的,有的甚至是只能意会.在数学里,反映数学概念的词的意义,一般是通过定义加以规定,也就是说,通过已经了解的概念来规定新概念的意义,概念的步步上溯,最终归结到几个原始概念.它们的意义是凭人类长期的经验来理解的.在现代数学里,则是采用公理化的方法加以规定.

通过逻辑手段,也就是定义方法确定反映概念的词的意义,这保证了词的专义性,这是数学课中语言的主流.

但是,数学课中的用词,也有模糊和多义的地方.

首先,数学课中不可避免地要用到我们日常使用的词.这些词中,常常有多义的.比如数学中一定会用到"这个"、"那个"这种指示代词,这些词的意义是要根据上下文的意思来确定的.

其次,就是带有数学特点的词,也不全部是通过定义来规定它的意义的,也有用意会来理解它的意义.如"内部"、"邻近"、"对应"等词就没有确切地定义过,所以带有一定的模糊性.

第三,语言学里,词的"借用"方式是构造新词的重要方法.数学里的新词,也常常用"借用"的方式来构造.这种现象使词产生了多义性.

这尽管不是主流,但是,就是因为这些意义模糊、多义的词,才给我们带来了麻烦,所以我们要倍加重视.

一、近义词词义辨析

不少数学概念的名称和数学术语,由于字面上有相似之处,有时仅仅是一字之差,意义却不一样,不少同学将它们混为一谈,造成了错误. 请看下面的例子:

如果 m 是一个有理数,试确定相应的数,使方程
$$x^2 - 4(m-1)x + 3m^2 - 2m + 4k = 0 \qquad ①$$
的根是有理数.

对这道题,有人这样解:

解:要方程①的根是有理根,只要判别式
$$\begin{aligned}\Delta &= [-4(m-1)]^2 - 4(3m^2 - 2m + 4k) \\ &= 4[m^2 - 6m - 4(k-1)]\end{aligned} \qquad ②$$

是完全平方式.

而要使②成为完全平方式,那么关于 m 的方程
$$m^2 - 6m - 4(k-1) = 0 \qquad ③$$

应有相等实根,即③的判别式
$$\Delta' = 36 + 16(k-1) = 0.$$

解得
$$k = -\frac{5}{4}.$$

这个解法看起来似乎正确,但是实质上是有问题的. 譬如 $k=1$,且 $m=0$ 时,②式成为
$$\Delta = 0,$$
$$x = \frac{4(m-1)}{2} = -2,$$

即①的根是有理数.

这是什么缘故呢?原来,断定"要方程①的根是有理根,只要判别式 Δ 是完全

平方式."这个要求过高了.如果 Δ 是完全平方式,方程①确实有有理根;但是还可能有其他情况,也可以使方程①有有理根.事实上,只要 Δ 是一个完全平方数就够了.例如 $k=1$,且 $m=0$ 时,$\Delta=0$ 就是一个完全平方数.

完全平方式与完全平方数,两个概念只差一个字,但意义是不一样的.像这种情况,叫做"近义词".

一个完全平方式,它的表达式中的字母用有理数代替时,则它的值是有理数的完全平方,即是有理数的完全平方数.比如,完全平方式

$$m^2-6m+9=(m-3)^2 \qquad ④$$

当 m 用任何有理数代入之后,都能得到一个有理数的完全平方数.

但一个非完全平方式,当它的字母取一定的值时,有时也能得到完全平方数.例如,非完全平方式

$$x^2-6x+14$$

当 $x=1$ 时,值为 9,恰是 3^2.

这位同学正是混淆了完全平方数和完全平方式的概念,以致造成了解题错误.

类似的情况有很多.比如,下列各对近义词,意义都是不一样的,但由于字面上有点相似之处,所以很容易混淆:

除,除以;

倒数,相反数;

幂函数,指数函数;

绝对不等式,含绝对值符号的不等式;

直线,射线,线段;

最大值,极大值;

方程的根,方程的解;

恒等,全等,相等,等积;

相似,位似;

整除,除尽;

质数,质因数,互质数;

同类根式,同次根式;

内接,内切;

两数和的平方,两数平方的和;

化去分母里的根号,化去根号里的分母;

……

对于近义词,要注意辨析.中学生对近义词的辨析是有一定困难的.

近义词之所以容易混淆,原因在于从表面上看,两个词的差别不大,有的仅仅是一字之差,有的仅仅是字序不一样,所以,要"咬文嚼字"地进行辨析.

练习

1. 辨析下列各对词：

    相交，两两相交；

    抵消，约去；

    项，因子．

2. 论文选题：怎样让学生弄懂"两两相交"的意义？

二、多义词词义辨析

有这么一道选择题：

$0.\dot{9}$( ).

(A) 等于 1　　　　　　(B) 小于 1　　　　　　(C) 近似等于 1

据笔者的实验，多数中等文化水平的人，都认为"小于1"或"近似等于1"，其实这是错误的，$0.\dot{9}$千真万确等于1!

为什么 $0.\dot{9}$ 等于 1 呢？因为 $0.\dot{9}$ 是 $0.999\cdots$ 的缩写，而 $0.999\cdots$ 又是下列无穷项的和：

$$0.9+0.09+0.009+\cdots \qquad ①$$

的缩写. 而无穷项的"和"，绝不等同于算术中的"和". 事实上，按算术中的办法，一个一个地加起来，加到何时休？无穷项的"和"的意义规定为有限和 S_n 的极限，说通俗点，无穷和①等于

一项之和 S_1——0.9,

二项之和 S_2——0.99,

三项之和 S_3——0.999,

……

所组成的数列无限接近的数. 这个数列是无限趋近于1的，所以说，无穷和①等于1，即 $0.\dot{9}=1$.

小学里就教过无限循环小数化分数的法则，根据这个法则

$$0.\dot{9}=\frac{9}{9}=1,$$

所以，$0.\dot{9}=1$ 不容置疑.

为什么不少同学会犯错误呢？问题出于"和"这个词有多种意义，而这些同学误把"无穷项的和"当作"算术和".

其实,"和"是个多义词,它的意义有很多种.中学里的代数式的"和"与小学算术里的"和"意义是不一样的.代数式的"和"本质上是运用合并同类项、合并同类根式等一整套法则.后来又学了三角式、对数式等式子的"和",学了集合的"和"(并集),到"数列"一章,学了无穷项的"和",在"复数"这一章还学了复数的"和",几何中学了角的"和"、线段的"和",物理中又会遇到速度(向量)的"和",到高等数学里,还会遇到矩阵的"和",等等.就是算术里的"和",还有整数的"和"、分数的"和"、小数的"和",等等,意义也不尽相同.

可见,不仅日常生活中会遇到多义词,以严谨著称的数学中也会遇到多义词.

数学中有不少概念要加以扩充.上面所说的"和"的概念就是不断地扩充.一旦经过扩充,就引出了一个与旧概念有着一定联系的新概念.这个新概念要给它一个名称,这就要命名,当然可以给它起一个与旧概念毫不相干的名称,但人们往往更喜欢借用旧概念的名称,这是语言学中的一种常见现象.

为了学好数学,我们必须十分注意一词多义的现象,要善于分辨我们所遇到的某个多义词究竟是什么意义.事实证明,做到这一点,也不是十分容易的.不少同学在推理过程中出现偷换概念的错误,常常就是因为对多义词词义的分辨能力不强的缘故.可以毫不夸张地说,对多义词词义的分辨能力的强弱,是数学修养高低的重要标志之一.

除了"和"这个词之外,在中学数学中,还有好多概念都经过扩充.

"幂"的概念也是经过多次扩充的.一开始我们学了正整数指数"幂",它的意义是相同因数的积.后来,又学了零指数"幂"、负整数指数"幂"、正分数指数"幂"、负分数指数"幂".但是,到了中学高年级,还会有同学见到 $a^{\frac{1}{2}}$ 傻了眼.他心中想:$\frac{1}{2}$ 个 a 怎么相乘呢?——他还在用正整数指数"幂"的意义来套新现象!当然,这样的同学并不太多.但是,遇到 $a^{\sqrt{2}}$ 傻了眼的,真大有人在.$a^{\sqrt{2}}$ 是无理指数"幂",中学里因为极限概念不能讲透彻,无理指数幂的意义也没法讲清楚,历次教材,大多采取"混过去"的态度,难怪同学对 $a^{\sqrt{2}}$ 傻了眼.从某种意义上说,傻了眼反而好,不懂就是不懂,但头脑是清楚的.怕就怕,硬把其他的"幂"的意义套在 $a^{\sqrt{2}}$ 上,这就是头脑糊涂的表现了.

角的概念也在扩展.一开始把角解释为"从一点出发的两条射线所组成的几何图形".后来,到三角里就出现了任意"角"的新概念.到立体几何里,又有所谓的二面"角"、二面角的平面"角"、多面"角"、异面直线所成的"角".这些"角"的意义都不一样.不少同学把"第一象限角"误认为"锐角",把"二面角"当作"平面角",都是因为对词的分辨能力较弱的缘故.

再看一个例子,有人说"7 能被 3 整除",理由如下:

令 $y = \frac{x}{3}$,则 $x = 3y$. 于是,

$$x^2 - 9 = 9y^2 - 9 = 9(y^2 - 1).$$

又 $$x-3=3(y-1),$$
$$\therefore\ 3(x-3)=9(y-1).$$
又 $\because\ 9(y^2-1)\mid 9(y-1),$
$\therefore\ (x^2-9)\mid 3(x-3).$

取 $x=4$，得
$$7\mid 3.$$

上面的推理当然是不对的，但错在哪里呢？原来，x^2-9 被 $3(x-3)$ "整除"，指的是多项式的"整除"，而且是在 $x=3y$ 的前提下. 而 7 被 3 "整除"则是数的"整除". 同样一个"整除"，不是一码事. 多项式的"整除"这一提法，是借用了数的"整除"的提法得来的.

概念扩展中涉及的词的借用，大多是"大"概念借用"小"概念的名词. 有时也会出现"小"概念借用"大"概念的名称的情形.

如圆柱是个"大"概念，直圆柱是一种特殊的圆柱，是"小"概念. 而我们常把直圆柱简称为圆柱.

练习

1. "平行"一词有多少种含义？
2. "垂直"一词有多少种含义？
3. "距离"一词有多少种含义？
4. 论文选题：论先入为主（结合反映某些数学概念的多义词）.

三、生活引起的干扰

如图 1 所示的 $ABCD-A'B'C'D'$ 是一个正四棱台,其中 $AB=8$, $A'B'=6$, 高 $h=3$, 易知

$$V_{ABCD-A'B'C'D'} = \frac{1}{3} \cdot 3 \cdot (8^2 + 6^2 + 6 \cdot 8) = 148.$$

但是,如果我们把这个四棱台一分为二,分别计算一下两个小棱台的体积,就会发现一个矛盾.

在 $A'B'$ 上,取 $B'E' = \frac{1}{3} A'B' = 2$,在 $C'D'$ 上取 $C'F' = \frac{1}{3} C'D' = 2$,在 AB 上取 $BE = \frac{1}{2} AB = 4$,在 CD 上取 $CF = \frac{1}{2} CD = 4$,显然,

$$E'F' \ // \ B'C' \ // \ A'D', \quad EF \ // \ BC \ // \ AD.$$

$$\therefore \quad E'F' \ // \ EF.$$

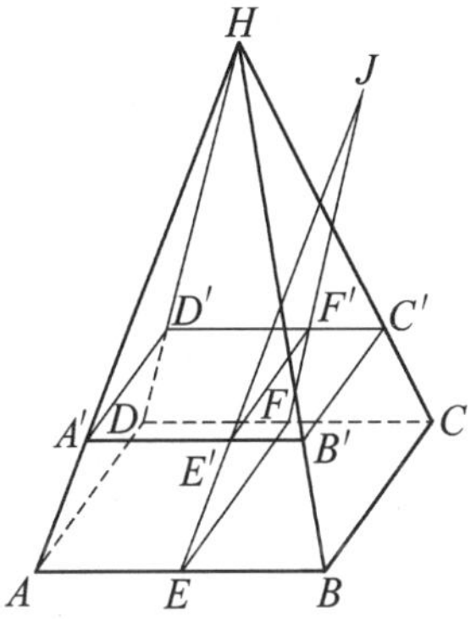

过 $EFE'F'$ 作平面,则

$$V_{EBCF-E'B'C'F'} = \frac{1}{3} \times 3 \times (2 \times 6 + 4 \times 8 + \sqrt{2 \times 6 \times 4 \times 8})$$
$$= 44 + 8\sqrt{6},$$

$$V_{AEFD-A'E'F'D'} = \frac{1}{3} \times 3 \times (4 \times 6 + 4 \times 8 + \sqrt{4 \times 6 \times 4 \times 8})$$
$$= 56 + 16\sqrt{3},$$

$$V_{EBCF-E'B'C'F'} + V_{AEFD-A'E'F'D'} = 44 + 8\sqrt{6} + 56 + 16\sqrt{3}$$
$$= 100 + 8\sqrt{6} + 16\sqrt{3}$$
$$\neq V_{ABCD-A'B'C'D'}.$$

图 1

毛病出在哪里呢？原来是出在棱台的概念上．立体几何中的棱台是这样定义的：一个棱锥被一个平行于底面的平面所截，那么截面与底面间的部分称为棱台．按棱台的定义，棱台有两个互相平行的底面，其余的面(侧面)都是梯形，而且这些梯形的腰，延长后交于一点，图中的 $ABCD-A'B'C'D'$ 是棱台，侧棱 AA'、BB'、CC'、DD' 交于一点 H．而 $AEFD-A'E'F'D'$ 和 $BCFE-B'C'F'E'$ 不是四棱台．尽管它们都有两个互相平行的底面，侧面都是梯形，但是，由于侧棱并不交于一点(对 $BCFE-B'C'F'E'$ 来说，侧棱 CC'、BB' 交于点 H，而侧棱 EE'、FF' 交于点 J；对 $AEFD-A'E'F'D'$ 来说，侧棱 AA'、DD' 交于点 H，而侧棱 EE'、FF' 交于点 J)，故它们都不能算四棱台．所以，它们的体积也就不可以用棱台体积公式去计算了．而上面的演算中，是用棱台体积公式来计算它们的体积的，当然是错误的．

如果进一步分析一下产生错误的原因，恐怕就有生活的干扰．数学中有些概念的名称借用生活中的词汇，但意义却不同于生活中原有词的意义．"台"是多义词．生活中，我们看见过很多"台"，如戏台、烽火台、阳台、大体上说，只要上、下底面是平行的，都可以称为"台"．数学里虽然借用了生活中的"台"字，但棱台、圆台的意义是另行规定的．上面的推演中，就是因为受了生活的干扰，没有去对照棱台的数学意义，想当然地认为 $AEFD-A'E'F'D'$ 和 $BCFE-B'C'F'E'$ 是棱台，以致导出了错误的结论．

生活引起的干扰是挺大的．不少同学初学三角形面积时，总是只看到一个"底"，就是画成水平的那条边，而不注意三角形的其他两条边．其实，它们也可以当作"底"，只要用这个"底"与相应的高相乘，再乘以 $\frac{1}{2}$，同样可以求得三角形的面积．为什么缺少思维上的这种灵活性呢？这是因为在日常生活中，一直把在下面的、水平的线条或面叫做底；但在平面几何中，"底"这个词并不含有在下面的、水平的意思，再用日常生活中对"底"的看法来套数学中的"底"，当然就会产生局限性了．

初学平面几何的同学，常常把图 2 中的 $\angle 1$、$\angle 2$ 误作同位角．其实，这里的"同位"不能按日常生活中的意思理解，因为同位角的概念，我们是专门加以规定的．

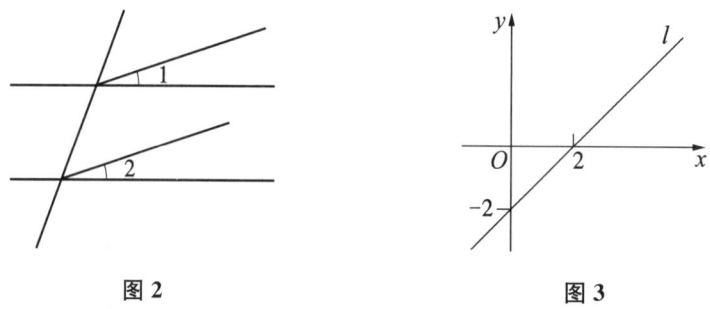

图 2　　　　　　　图 3

练习

1. 在图 3 中直线 l 的截距是 2，你认为对不对？这种说法中，有没有生活的干扰？

2. 日常生活中,我们常听到如下的说法:

  能源消耗量与人口成正比;

  在青少年时期,随着年龄的增加,智力得到发展,智力与年龄成正比;

  ……

  这里说的"正比"与数学中的"正比",意义是否一致?

3. 论文选题:标准图形和三角形"底"的错误认识关系.

四、相对性和整体性

本节研究三个问题.首先,在数学中,有的词的意义依赖于其他的词;有些词的意义不依赖于其他的词,而是独立的.就是说,有的词有"相对性",有的词是"绝对"的.我们要研究这种"相对性"和"绝对性".其次,在数学中,有的词又有"整体性",本节要研究这种"整体性".另外,本节还要研究一个事物与它的某些性质、特征在用词上的一些关系.这些问题看起来很小,但很容易弄错,所以值得我们重视.

首先,我们来研究所谓的"相对性"和"绝对性"问题.

"高"是有"相对性"的,光说"三角形的高",就显得不明确,应该说清楚是哪一条边上的高.

"垂线"这个概念也是有"相对性"的,一定要指出是哪一条直线的垂线,意义才能明确.有些同学把与水平线垂直的直线叫做垂线.这是不正确的,与水平线垂直的直线叫铅垂线.因为它所依赖的水平线是固定的,为大家所公认,所以,在这个意义上,铅垂线是一个绝对性的概念.

在研究"相对性"和"绝对性"时,关于一个分数是表示数值还是分率的问题,是最令人头疼的.

分数,作为一个数值是"绝对"的,而作为分率则是"相对"的.分率必须对某一个数而言,比如:

(1) 乙数是甲数的 $\frac{1}{3}$.

其中的"$\frac{1}{3}$"是分率,光说"$\frac{1}{3}$"并不明确,一定要指出是"甲数"的 $\frac{1}{3}$,才是明确的.

然而,在一道数学题里,或在一句有关数学的句子里,常常会出现一些分数,这个分数,究竟表示一个数值呢,还是表示分率呢?往往使人很困惑.

在一张数学小报上,曾经刊出过这样一道题:

甲数是 48,比乙数多 $\frac{1}{3}$,乙数比甲数少几分之几?

文章作者给出了四种解法:

(a) $\left[48-48\div\left(1+\dfrac{1}{3}\right)\right]\div 48=\dfrac{1}{4}$;

(b) $\left(1+\dfrac{1}{3}-1\right)\div\left(1+\dfrac{1}{3}\right)=\dfrac{1}{4}$;

(c) $(3+1-3)\div(3+1)=\dfrac{1}{4}$;

(d) $1\div(3+1)=\dfrac{1}{4}$.

这些解法,都是把题中的"$\dfrac{1}{3}$"理解为分率的,而有的同学,将"$\dfrac{1}{3}$"理解为数值,即"$\dfrac{1}{3}$个单位",那么,既然甲数比乙数多$\dfrac{1}{3}$个单位,当然乙数比甲数少$\dfrac{1}{3}$个单位啦!这时答案就成了$\dfrac{1}{3}$. 还有同学也将"$\dfrac{1}{3}$"理解为数值,但由

$$\dfrac{1}{3}\div 48=\dfrac{1}{144},$$

得出乙数比甲数少$\dfrac{1}{144}$. 这里的$\dfrac{1}{144}$又是分率了.

所以,这道题是有歧义的.

但在有些场合,一个分数是分率或是数值,辨别起来又是十分容易的. 比如下面的四个句子:

(2) 甲数是 48,比乙数多三分之一.

(3) 甲厂产量是 48 吨,比乙厂多 $\dfrac{1}{3}$ 吨.

(4) 甲厂有 48 个工人,比乙厂多 $\dfrac{1}{3}$.

(5) 甲数是 48,乙数是甲数的 $\dfrac{1}{3}$.

句子(2)用了"三分之一"来代替"$\dfrac{1}{3}$",使人一看就知道这是分率;句子(3)用了"$\dfrac{1}{3}$ 吨",不难知道,这里的"$\dfrac{1}{3}$"是一个数值;句子(4)里讨论的是人,而人是不能讲$\dfrac{1}{3}$个的,所以,意义也很清楚,这里的"$\dfrac{1}{3}$"是分率;至于句子(5),用了是"甲数的"$\dfrac{1}{3}$",这里的"$\dfrac{1}{3}$",当然是一个相对性的概念,所以是分率.

总结一下,有以下几点:

(a) 一个分数后面有单位,那么这个分数一定表示一个数值;

(b) 如果我们讨论的是人或不可分割的物体的个数,一般说,这时出现的分数一定是分率.

(c) 如果有"××的 $\frac{1}{3}$"这样的短语,一般说,这里的分数"$\frac{1}{3}$"一定是分率.

(d) 除了这三种情况,出现分数时,在表达上要慎重. 为了减少歧义,笔者建议:假如你想表示分率,用"几分之几"来表示比较妥当. 例如,本节开头部分提到的那道题,如果改为

甲数是 48,比乙数多三分之一,乙数比甲数少几分之几?

将"$\frac{1}{3}$"改为"三分之一",它就一定是分率,不可能是数值了. 这样一来,意义就明确了.假如你想表示一个数值,那么更要慎重. 例如,前面那道题改为

甲数是 48,甲数与乙数的差是 $\frac{1}{3}$,乙数比甲数少几分之几?

由于指明了"差"是 $\frac{1}{3}$,所以,这个"$\frac{1}{3}$",肯定不是分率,而是一个数值了.

对相对性的词,一定要尽力找出"比较的基准". 比如对于高,一定要注意是哪一条边上的高;对于平行线,一定要弄清是哪一条直线的平行线;对于分率,一定要弄清是哪一个数的几分之几. 我们看下面的一道题:

水结成冰,体积增加十分之一. 那么,冰化为水,体积减少了几分之几?

有些同学简单地认为也是十分之一,其实,这是错误的."水结成冰,体积增加了十分之一",是指比原来的体积(水的体积),多出了十分之一. 这里,比较的基准是原来的水的体积.而冰再化为水,体积减少了几分之几呢?这个"几分之几"的比较基准是冰的体积.

假设原先的水是 100 升. 结成冰,体积增加了水的十分之一,即增加了

$$100 \times \frac{1}{10} = 10(升).$$

冰的体积为

$$100 + 10 = 110(升).$$

再让冰化为水,体积就从 110 升回到原来的 100 升,减少了 10 升. 这个 10 升是冰的体积(110 升)的几分之几呢?

$$10 \div 110 = \frac{1}{11}.$$

所以,冰化为水,体积减少了十一分之一,而不是十分之一!

这里,有三个量要注意区分,第一个量是体积变化的绝对数量——10 升. 水结成冰,体积增加了 10 升,而冰还原成水,体积减少的数量也是 10 升. 这是个不带相对性的量. 第二个量,是水结成冰,体积增加了几分之几. 这是将体积变化的绝对数量(10 升),比上水的体积(100 升),所得到的比值是 $\frac{1}{10}$. 这是个相对性的量,比较的基准是水的体积(100 升). 第三个量,是冰还原成水,体积减少了几分之几. 这是将

体积变化的绝对数量(10升),比上冰的体积(110升),所得到的比值是 $\frac{1}{11}$. 这也是个相对性的量,比较的基准是冰的体积(110升). 同样一个10升,与不同的数量去比,对应的分率也不同. 这样充分体现出分率的相对性,也说明了比较基准的重要性.

比较的基准,有时是明确交代了的. 譬如,句子(1)中,可以从短语"甲数的 $\frac{1}{3}$"里看出,甲数是比较的基准. 在判断比较的基准时,这种形式的短语起着重要作用.

有时,比较的基准没有明确地交代出来,需要我们结合上下文体会. 比如,在水结成冰那道题里:

(6) 水结成冰,体积增加了十分之一.

分率"十分之一"的比较基准没有交代清楚. 但是结合上下文体会一下,句子(6)可以改成

(7) 水结成冰,体积增加了原来的十分之一.

这样一改,比较基准就清楚了,从短语"原来的十分之一"里,可以看出比较基准就是"原来的",即水的体积.

接下去,我们来研究所谓的有"整体性"的词.

常常听到有同学这样说:

(8) 夹在两平行线之间的距离处处相等.

其实这句话是不正确的.

在讲述"两平行线之间的距离"这个概念时,所有的几何教科书都先要证明"夹在两平行线间的垂直线段处处相等",然后,既然夹在两平行线间的垂直线段处处相等,就可以把这些垂直线段的公共的长度叫做"两平行线间的距离". 这样就给出了"两平行线间的距离"的定义. 可见,"两平行线间的距离"只取决于这两条平行线的位置,与"夹在平行线间的垂直线段画在哪个地方"是没有关系的. "两平行线间的距离"只有一个值,根本谈不上处处相等的问题. 所以,(8)是不正确的.

"夹在两平行线之间的距离"是一个"整体性"的概念. 对于"整体性"概念,千万不要把它与"个别"的特点混淆起来,因为这个整体性概念已经把各个个别特点概括进去了.

最后,研究一下一个事物和它的某些性质、特征在用词上的一些关系.

有时候,有些同学常把一个事物与这个事物的某个性质、特征混淆起来. 比如,有人常说:

(9) 画出 A、B 间的距离.

其实,这是不通的. "画出"只能对几何图形说,而距离是长度,说确切些,两点间的距离是联结这两点的线段的长度. 线段、长度,两者虽有密切关系,但毕竟是两种不同的概念. 线段是几何图形,可以"画出",而长度是个数量,只能"量出". 所以说,"画出距离"这种说法是错误的. 在语言学里,这叫动宾搭配不当;深入地分析,是概

念不清,是把一个事物和这个事物的性质、特征混淆起来了.具体说,就是把线段和线段的特性——长度混淆起来了.

把事物和它的性质、特征混淆起来,这也是同学们常犯的概念性错误之一.这种错误当然会从语言中反映出来.比如,

(10) △ABC 等于 180°.

(11) △ABC 等于 10 平方厘米.

都是错误的说法,应该说成

(10′) △ABC 的内角和等于 180°.

(11′) △ABC 的面积等于 10 平方厘米.

其错误的原因是把△ABC(几何图形)和它的内角和、面积(几何图形的某种性质、特征)混为一谈了.

话又要说回来,我们常常故意把某些事物说成它的某种性质,把某些事物的某种性质说成这个事物,也就是说,常常故意不分两者的区别.比如,把函数看成一种事物,函数的图像——曲线可以看成这个事物的性质或特征.按理说,函数与曲线是两类不同的概念,是两码事,但是为了说话方便,不去区分两者的差别.就说线段与长度,应该是两码事,但我们采用的是相同的符号 AB、BC…或 l、m…表示,l 可以表示线段——几何图形,但在式子

$$l = 5$$

里,l 又表示长度了.

再比如,我们还说"AB 弧等于 6 cm",也还说"AB 弧等于 π 弧度".这里涉及了"弧"以及弧的性质或特征——"弧长"、"弧的度数"三个不同种类的概念,显然,我们故意不去区别三者的差别.符号 $\overset{\frown}{AB}$,既表示弧本身,又表示弧长、弧的度数.前面说的"AB 弧等于 6 cm"可记为

$$\overset{\frown}{AB} = 6 \text{ cm},$$

"AB 弧等于 π 弧度"也可以记为

$$\overset{\frown}{AB} = \pi.$$

这种故意不区别一个事物和这个事物的特征、性质的做法,引起了词的多义,对有相当数学修养的人来说是不会引起混淆的,但对初学数学的同学来说,就需要对此提高警惕了.

练习

1. (1) 某市 1986 年人口 50 万,至 1996 年人口增加了 $\frac{1}{25}$,问:1996 年该市人口多少?

   (2) A 市人口 50 万,B 市人口比 A 市人口多 $\frac{1}{25}$,问:A 市人口比 B 市少几分

之几?

2. 举出三个中学数学中的"整体性"概念的例子.
3. 举出三个中学数学中容易混淆的事物与事物的性质或特征的例子.
4. 下列各种说法中,有歧义的是( ).

(A) 甲养殖场养猪 120 头,乙养殖场养的猪比甲养殖场多 $\frac{1}{3}$

(B) 甲数为 120,乙数比甲数多 $\frac{1}{3}$

(C) 甲养殖场年产值是 120 万元,乙养殖场的产值比甲养殖场多 $\frac{1}{3}$ 万元

(D) 甲养殖场年产值是 120 万元,乙养殖场的产值比甲养殖场多三分之一

五、"每一个"和"有一个"

数学与逻辑关系十分密切. 有一些词,常常有它自己的逻辑意义,同时还有其特有的语感. 在数学里,往往更重视它的逻辑意义.

先看这么一道题:

如果一个三角形的三条边中,有:

(a) 两条边的平方和小于第三条边的平方,那么这个三角形是钝角三角形;

(b) 两条边的平方和等于第三条边的平方,那么这个三角形是直角三角形;

(c) 两条边的平方和大于第三条边的平方,那么这个三角形是锐角三角形.

以上结论成立吗?

不少同学回答:都成立! 其实不然. (a)、(b)是正确的,因为**有**两条边的平方和小(等)于第三边的,当然是钝(直)角三角形啰! 但(c)不正确,因为光是**有**两条边的平方和大于第三条边的平方还不够,比如

$$a^2 + b^2 > c^2$$

只保证∠C是锐角,还要有

$$b^2 + c^2 > a^2,$$
$$c^2 + a^2 > b^2,$$

才能保证∠A、∠B 也是锐角. 所以,只有说"**任**两条边的平方和大于第三条边的平方",才能说"这个三角形是锐角三角形".

你看! 一个**有**字,和一个**任**字,稍一疏忽,就会出现错误.

在逻辑里,"每一个"和"有一个"叫量词. 在语言学里,也有量词这个名称. 不过语言学里的量词指的是"只"、"支"、"位"、"根"、"个"……实际上就是数学里的"单位".

"每一个"叫全称量词. 在讨论的范围内,断定每一个对象都具有某种性质的命题叫全称命题. 如

(1) 每一个有理数都是实数.

(2) 每一个有理数都是正的.

在研究对象"有理数"之前,都有"每一个"这个词.这就说明了,这两句话都对所有的有理数,一个不漏地进行判断.(1)判断是真的,而(2)判断是假的,因为并不是每一个有理数都是正的.不管怎样,(1)、(2)都属于全称命题.

与"每一个"具有差不多意义的词,还有"所有的"、"凡是"等,它们都可以看成是全称量词.

数学中很多定理、公理、定义都是全称命题.比如:

(3) 每一个内角都是锐角的三角形.

还有:

(4) 所有的一元一次方程都有一个根.

(5) 凡对顶角皆相等.

都是全称命题.有时,全称量词可以省略,如

(6) 对顶角相等.

全称量词常与副词"都"、"皆"搭配使用,这从上面的例句中可以知道.

要论证一个全称命题为真,一种方法是用完全归纳法(包括数学归纳法),也就是将所讨论范围内的一切对象逐个讨论,确认它们都有某个性质,然后下结论说,所有的对象都有某性质.但这个方法在很多场合难以适用.比如(1),讨论范围是"有理数",有理数有无数多个,一个一个研究,要研究到什么时候为止呢?所以,还要用第二种方法——通例法.

当然,举一两个具体例子是不行的,那么是不是非要一个个全部讨论到呢?不一定.如果我们举出一个"有足够代表性"的例子(通例),证明它有某种性质,我们就可以断定,所有的对象都有这种性质.这就是论证全称命题为真的第二种方法.那么,怎样的对象才算是"有足够代表性"的呢?我们要在某个范围内任意挑选,而且在论证时,只用到它的共性,而不用到它的个别特征.

比如说,我们要证明

(7) 每一个三角形的内角和等于 180°.

三角形有无数多个,无法一一列举出来.我们只能任意画一个三角形,对这任意的三角形进行论证.你画的是三角形,虽然具有所有三角形的共性,但总有自己的特征,比如你画的三角形边长是3、4、6;位置放得比较端正等,在论证时,不能利用这些个别特征,只能从共性——它是一个三角形出发.如果这样做之后,能证出你画的三角形的内角和等于 180°,那么,(7)就成立了.

这样一来,又冒出一个词——"任一个"或"任意的"来了,我们通常对"每一个"、"任一个"不加分辨,从上面的论述中,可以看出两者还是有差别的.

"每一个",穷尽了某范围内的所有对象,所以,从本质上说,它已经不是"一个"(从这一点上说,它等同于"所有的").它常具有不可实现性.

"任一个"是"一个",是某个范围内的"一个",不过它具有随意选择性(不同于普通所说的"一个"),因为它的随意选择性,使它具有"足够的代表性","一滴水看大海",从而间接地可以看出"每一个"对象的性质.

正因为"任一个"间接地反映了"每一个",所以我们常常用"任一个"、"任意的"来代替"每一个",如(1)可改为

(8) 任意的有理数都是实数.

另外,我们还会遇到"每两个"、"每三个"、……"任两个"、"任三个"……这样的词组,比如,

(9) 平面上有五点,其中每(任)三点不共线,每(任)四点不共圆.

怎么来看待这些词组呢?

原先我们讨论的范围是平面上的五个点,在分析"每三点"这个词组时,把讨论范围转换一下,把五个点(不妨记为 A、B、C、D、E)作三个三个编组,可以组成 C_5^3 组,即 10 组:

$$(ABC),(ABD),(ABE),(ACD),(ACE),$$
$$(ADE),(BCD),(BCE),(BDE),(CDE).$$

把这 10 组作为我们新的讨论范围,这样一来,"每三点"就是"每一组",而"每一组"就是全称量词.

"有一个"叫特称量词. 在讨论范围内,断定有一个对象有某性质的命题叫特称命题. 比如,

(10) 在 1 与 2 之间,有一个实数.

(11) 过直线外一点,可以作一条直线与该直线平行.

(12) 在钝角三角形内,有一个点是三条高的交点.

其中(10)、(11)是真的,而(12)是假的.

特称量词还可以用自然语言"存在一个"、"存在着"、"有"、"至少有一个"表示. "存在一个"与"有一个"意义差不多. 而"有"、"存在着"这两个词没有指出个数;"至少有一个",指出了个数,但有可能超过一个,怎么会与"有一个"意义一样呢? 好像不容易想得通.

"至少有一个"说得明确些,它指出判断的对象有一个,或者两个,或者三个,……

"有一个"说得含糊些,它正面交代了有一个. 但是,它没有否定可能有两个、三个……所以它与"至少有一个"逻辑意义相同.

"有"说得更含糊,只说"有",没说"有几个". 但是,计数常识告诉我们,说"有",至少就有一个. 所以,它与"有一个"、"至少有一个"的逻辑意义相同.

这样一来,"有一个"可以改为"有",也可改为"至少有一个". 相应地,(11)可改写为:

(13) 过直线外一点,可以作直线与该直线平行.

(14) 过直线外一点,至少可以作一条直线与该直线平行.

其中,(13)没有说条数,(14)指明了可以作一条、两条、三条、……但本质上,这三句话意义是一致的,有的只是语感上的差别. 有人或许会说,(14)不确切,平行线"只"

可以作一条.其实,(11)、(13)、(14)这三句话都只反映了问题的一个方面"可以作",没有反映这个几何问题所涉及的另一个方面"只可以作".

要证明一个特称命题为真,不必一一列举归纳,只要找出一个对象来符合要求就行了.至于还有没有其他对象也符合要求,就不必去管它了.例如,为了证明(10),我们只要找出一个实数在1、2之内就行了,比如1.5是符合要求的.

$$\because \quad 1 < 1.5 < 2,$$

$$\therefore \quad 1 与 2 之内有一个实数.$$

这种证明特称命题的方法是构造性的方法.

采用构造法来证明特称命题,不同的同学完全可以找出不同的对象,但只要符合要求,都是正确的.

但是,如果你找来找去找不到符合要求的对象,是不是就说明这个特称命题是假的呢?不是的.其实"找不到"不等于"不存在".例如:

已知点 P 在直线 $x-y=3$ 上,那么点 P、$A(-2,-1)$、$B(2,2)$ 是否必定可以确定一个圆?

有人这样解:

经检查,点 A、B 的坐标不适合方程 $x-y=3$,所以,A、B 两点都不在直线 $x-y=3$ 上,即 P、A、B 三点不在同一直线上.所以,P、A、B 三点必可确定一个圆.

从"P、A、B 三点不同在直线 $x-y=3$ 上"断言"P、A、B 三点不在同一直线上",即断言"不存在一条直线过 P、A、B 三点",这是错误的.这个同学用直线 $x-y=3$ 去试"是否过 P、A、B 三点",结果不符合要求,这并不说明没有直线符合要求.有两种可能:一种可能是,符合要求的直线是有的,但你没找到;另一种可能是,符合要求的直线真的没有.所以,这个推理是错误的.事实上,符合要求的直线是存在的,但这位同学没找到.因为联结 A、B 两点所得的直线与 $x-y=3$ 不平行,点 P 取在这两直线交点的位置,所以 P、A、B 就共线了,此时,P、A、B 三点不能确定一个圆.

量词"每一个"、"有一个"还可以重叠使用.比如:

(15) 有一个实数 x,对任意实数 y,都有

$$xy = 0.$$

(16) 对任意实数 x,都存在一个实数 y,使

$$x + y = 0.$$

这样的命题叫多元命题.我们知道,这两句都是正确的.在(15)中,如 $x=0$,那么它乘以一切 y,结果都等于 0;(16)中,对任意 x,只要取 $y=-x$,就可使它们的和等于 0.

不少数学概念都涉及了量词的重叠使用,如有界函数的定义是:

(17) 存在一个正数 M, 对 $f(x)$ 定义域内所有的 x, 都有
$$|f(x)| \leqslant M.$$

周期函数的定义是:

(18) 存在一个非零实数 T, 对所有的 $x \in \mathbf{R}$, 都有
$$f(x+T) = f(x).$$

值得注意的是,先"有一个"后"每一个"和先"每一个"后"有一个"是不同意义的.如

(19) 有一个数 x, 对任意属于集合 A 的数 y, 使 x 大于 y.

和

(20) 对于任意属于集合 A 的数 y, 都有一个数 x, 使 x 大于 y.

是不一样的.对(20)来说,你说出一个属于 A 的数,我能够找一个数比你说的大;你再说一个,我再找一个;我先前找的数可以与后来找的数不一样.实数集 $\mathbf{R}$ 就符合(20)的要求.而对(19)来说,我们找到的 x 要比一切属于 A 的数 y 都大,说明 x 是 A 的一个上界,实数集 $\mathbf{R}$ 就不符合这个要求了.两句有差别.而且我们可以进一步指出,(19)可以推出(20).既然找到了一个比一切属于 A 的数 y 都大的数 x, 当然,你随意说出一个属于 A 的数,我可以找到一个数比你说的大,因为(19)中找到的 x 总是符合要求的.例如,集合 A 是负实数集,有一个数(比如是 0),对于 A 中的任一数(如 -1, -1.5, -1000, $\cdots$), 0 都大于这些数,这说明负实数集是满足(19)的.接下来,我们可以指出,既然满足(19),一定满足(20).事实上,你任取负实数集中的一个数(如 -1), 我就找 0 这个数, 0 比 -1 大;你再取一个数(如 -2), 我还是找 0 这个数, $0 > -2$, $\cdots$, 所以一定满足(20).

量词的知识是十分重要的,遗憾的是中学教材中根本没有提及.中学生根本未听到过量词,但一进大学的大门,马上就要在极限概念中遇到量词的重叠使用,难怪不少大学一年级的学生对极限概念十分恐惧.

练习

1. 说出锐角三角形、直角三角形、钝角三角形的定义,并指出定义中使用了什么量词.
2. 说出奇函数、偶函数的定义,并指出定义中使用了什么量词.
3. 说出函数 $f(x)$ 有最大值的意义,注意重叠使用了哪些量词.
4. 下列有"任"字的命题中正确的是(   ).
   (A) 过一定点任作一直线垂直于已知直线
   (B) 三角形的任一外角大于任一内角
   (C) 任一实数的绝对值都大于 0
   (D) 线段 AB 的垂直平分线 CD 上的任一点到 A、B 的距离都相等
5. 下列带"有"字的命题不正确的是(   ).

(A) 一元一次方程有一个根

(B) 有一个实数,使任何实数 x 与它相加之后,和为 x

(C) 空间直线 $a \perp b$,则有一个平面,使 a、b 都在这个平面内

(D) 有一个整数,既是 3 的倍数,又是 5 的倍数

6. 论文选题:学生对"每一个"、"有一个"的理解情况的调查.

六、"至少"和"至多"

在数学中除了"每一个"、"有一个"之外,还会遇到"至少"、"至多"这种词,如:

(1) 至少有两条边相等的三角形叫等腰三角形.

(2) 至少有一只抽屉里放了至少两只苹果.

(3) 两条直线至多有一个交点.

"至少"、"至多"也是表示数量的,逻辑中叫至少量词、至多量词. 显然,特称量词是至少量词的特殊情况.

"至少两个满足某性质",就是在讨论的范围内,至少有两个满足性质,肯定了满足性质的不止一个,但究竟几个,未说明白,可能有三个,有四个……满足性质,所以,"至少两个"是指"两个或两个以上".

"至多两个满足某性质",就是在讨论范围内,至多只有两个满足性质,不可能有三个或四个同时满足性质的,但究竟几个,也没有说明白,可能有两个,也可能有 1 个,甚至没有对象满足性质. 可见,"至多两个"是指"两个或两个以下".

与"至多"相呼应,常用"只有"这个词."至多两个",可以说成"至多只有两个";与"至少"相呼应,常用"有"这个词."至少两个"可以说成"至少有两个".

数学和逻辑中,"有"、"只有"的意义又与日常生活中有些出入.

日常生活中说,"我有一支笔",意思是"不是没有笔,也不是有两支以上的笔",而在数学或逻辑中,通常把"有一个"只理解为"不是没有",认为可能恰有两个,三个……如例句(1)可以说成:

(4) 有两边相等的三角形叫等腰三角形.

其中包含了"恰有两边相等"、"恰有三边相等"两种可能. 后者是等边三角形,它也是等腰三角形. 你看,"有两边"不是也包含了"有三边"在内吗?

在日常生活中说:"我只有一个书包",意思是"有一个书包,但只有一个",而数学或逻辑中,往往把"只有一个"仅仅理解成"没有两个或两个以上".

在日常生活中,把有、只有的意思混起来了,常常把有和只有都解释为恰有. 在数学和逻辑中,把有和只有作了严格的区分. 有就是至少有,只有就是至多只有. 另外引出恰有这个词,表示有且只有. 不少同学,看到有且只有这种提法,觉得不理解,认为没必要. 在他们眼里,似乎用**只有**,或者**有**就可以代替**有且只有**,这实际上是不懂得同样一个词在生活中与数学中有不同的解释的缘故.

我们把"恰有"、"有且只有"叫做"恰有量词". 有不少数学命题中带有"恰有量词". 如:

(5) 过直线外一点,可以且只可以作一条直线与该直线平行.

(6) 一元一次方程,有且只有一个根.

(7) 一元 n 次方程,恰有 n 个根.

(8) 唯一存在着一个圆,使△ABC 三个顶点在这个圆上.

"有"可以改称"存在","有且只有一个"可以叫做"存在且唯一",带有"存在且唯一"、"有且只有一个"、"恰有一个"的命题叫存在唯一性命题.(5)、(6)、(8)都是"存在唯一命题"."存在唯一命题"是"恰有命题"的特殊情况.

证明一个恰有命题为真,通常分两个方面. 首先证"有",然后证"只有". 对"存在唯一命题"来说,先证"存在性",再证"唯一性". 在证唯一性时,通常用反证法,即假设有两个对象满足性质,那么必会引出矛盾,从而断定只有一个对象满足性质. 这种思考方法,不少同学都掌握得不好.

应该指出,有些带"至少"这个词的命题,应转化为特称命题来分析.

(9) 在单位圆内任给四点,求证至少有两点的距离小于 $\sqrt{2}$.

这里的"至少有两点",并不意味着"两点或两点以上",因为在这里讨论的对象并不是一个点,而是"距离","距离"不可能是"三点的距离",只可能是"两点的距离". 我们可以把这四点(设为 A、B、C、D)两两相连,得到 6 条线段:AB、AC、AD、BC、BD、CD. 这 6 条线段的长(距离)是我们的研究对象.(9)说的是:

(10) AB、AC、AD、BC、BD、CD 中至少有一条的长小于 $\sqrt{2}$.

它是一个特称命题.

练习

1. 说出至少命题,至多命题,恰有命题各三个.
2. 在"至少一个(条)","至多一个(条)","恰有一个(条)"或"有一个(条)"、"只有一个(条)"、"有且只有一个(条)"中选择适当的词填空.
   (1) 在平面内,过点 P 作直线,_____条垂直于已知直线 l;
   (2) 过平面上三点 A、B、C _____可以作_____个圆通过 A、B、C;
   (3) 过一条直线,_____可以作_____个平面;
   (4) 过两条直线,_____可以作_____个平面.
3. 试证存在唯一性命题:一元一次方程 $ax+b=0$ $(a\neq 0)$ 有且只有一个根.

七、"且"

在遇到式子
$$a^2+b^2=0 \qquad ①$$
时,我们知道,a、b 必须也只需同时为 0,所以,它等价于
$$a=0 \text{ 且 } b=0.$$
但式子
$$ab=0 \qquad ②$$
并不等价于
$$a=0 \text{ 且 } b=0,$$
因为
$$a=0 \text{ 但 } b\neq 0$$
或
$$a\neq 0 \text{ 但 } b=0$$
时都可使它成立,不少同学不能区分①和②的差别.

遇到式子
$$a^2+b^2\neq 0,$$
不少同学又认为它等同于
$$a\neq 0 \text{ 且 } b\neq 0.$$

恰恰错了!并不需要 a、b 都不等于 0,其中有一个等于 0,也无妨大局.

而式子
$$ab\neq 0$$
反而等同于
$$a\neq 0 \text{ 且 } b\neq 0$$
因为两者中只要有一个为 0,ab 就为 0 了.

这种式子,涉及 $a=0,b=0$ 或 $a\neq 0,b\neq 0$ 的复合关系,常常把初学数学的同学搞得十分困惑. 本文分析命题的复合. 先分析一个叫做"合取"的复合关系,在

语言上,它涉及了连接词"且".

我们知道,命题是一个对事物有所肯定与否定的语句.比如:

(1) $\sqrt{2}$是无理数.

(2) 所有的三角形的内角和都等于180°.

(3) 任何实数的绝对值都是正的.

(4) 存在一个实数,使一切实数与它的积都等于0.

(5) 存在一个实数,使一切实数与它的和都等于0.

其中(1)、(2)、(4)都是真的,而(3)、(5)是假的.

两个命题用逻辑连接词连接起来之后,构成了复合命题.复合命题仍是命题,仍有真假之分.

两个命题用"且"连接起来,所构成的复合命题的真假怎么确定呢?逻辑学里规定:如果两个命题都是真命题,那么用"且"连接起来之后得到的复合命题也是真的;如果两个命题中有一个假的,包括两个都是假的,那么用"且"连接起来之后得到的复合命题是假的.这个规定可以用下面的表表示出来.这类表叫真值表.

命题"P"	命题"Q"	命题"P且Q"	命题"P"	命题"Q"	命题"P且Q"
真	真	真	假	真	假
真	假	假	假	假	假

数理逻辑把逻辑连接词看作一种命题的运算,并将这种特殊的运算,如同算术、代数那样用一个符号表示.与连接词"且"相应的运算叫"合取",并记作"∧".上面提到的复合命题"P且Q",可记为"P∧Q".所以,应该这样认为,数理逻辑里实际上规定了合取运算"∧"的意义,而自然语言中的"且"与合取的意义较接近,所以,我们也把合取说成"且",把"且"看作合取的语言外壳.

与合取的意义比较接近的还有"既……又……"、"并且"等.还有一些词,如果不计较它的语感,就它的逻辑含义来说,与合取也较接近,比如"虽然……但……","不仅……而且……"等.请看如下例句:

(6) 虽然点A在圆O_1内,但不在圆O_2内.

(7) 点A不仅在圆O_1内,而且在圆O_2内.

从语言角度说,例句(6)中有转折的意思,也就是用"虽然……但……"连接的前后两句话的意义,从判断方向来说是相反的,一个说在某圆内,一个说不在某圆内,但从逻辑角度来说,就是

(8) 点A在圆O_1内,且不在圆O_2内.

从语言角度说,(7)有递进的意思,也就是用"不仅(不但)……而且……"连接的前后两句的判断方向是相同的,但后句比前句更进了一层.不难知道,就它的逻

辑意义来说,就是"合取".

在代数中,方程或不等式组常用一个"左大括号"括起来,比如

$$\begin{cases} x+2y=3, \\ 3x+5y=8, \end{cases}$$

它表示 x 既要满足

$$x+2y=3,$$

又要满足

$$3x+5y=8.$$

所以,这个"左大括号"也是"合取"的意思.

由于自然语言是约定俗成的,一个词的意义往往会有好几个."且"这个词,用在连接两个命题时,应该理解为逻辑里的合取,但有时可以理解为集合中的"求交"运算.

求交运算的意义也是严格规定的,但它也用自然语言"且"、"既……又……"作为它的外壳,也就是说,有时,我们把"∩"也说成"且"、"既……又……". 如果我们从集合的角度来思考例句(8)的含义,实际上就是把(8)中的"且"理解为"求交"运算,也就是说,把圆 O_1 内的点看作一个集合(P),圆 O_2 内的点看成一个集合(Q),那么"在圆 O_1 内且不在圆 O_2 内的点"构成的集合就是 P 和 $\overline{Q}$ 的交集($P\cap\overline{Q}$),即例句(8)里说的 A 点"在圆 O_1 内且不在圆 O_2 内",就是在交集 $P\cap\overline{Q}$ 内.

对例句(8)里的"且"的两种理解,即理解为逻辑中的合取和理解为集合论中的求交运算,两者结果常是一致的.

从上面的分析看出,自然语言"且"、"既……又……"是逻辑中合取的语言外壳,也是集合论中的求交运算的语言外壳.除此以外,"且"还有别的意义和用法. 比如:

(9) 你且等一下.

(10) $x>1$ 且不合方程,更何况 $x>0$ 呢?

(9)中的"且"是暂且的意思,而(10)中的"且"是姑且的意思,都不是连接词.

练习

1. 分析下列加点的连接词的逻辑意义和语感:
    (1) $x>3$(但 $x\ne 5$);
    (2) 3 不但是正数,而且是整数;
    (3) 3 不但是一个正数,而且是一个正整数;
    (4) 虽然点 A 在直线 l 上,但是不在圆 O 上.

2. 下面句中加点的词是不是都表示连接词?
    (1) 3 是正数,且是整数;

(2) 1尚且不满足,别的更不必说了;

(3) 这道题且放一放.

3. 下列空格中可不可以填进"且"字?

(1) "不管是3,还是4,都是正数"可以改写为"3是正数____4是正数";

(2) "无论是$2x=1$,还是$2x+2=1$,都是一元一次方程"可改写为"$2x=1$是一元一次方程____$2x+2=1$是一元一次方程";

(3) "不仅三角形外角和等于360°,还有四边形的外角和也等于360°"可改写为"三角形外角和等于360°____四边形外角和等于360°";

(4) "点A、B、C中的每一个都在圆O内"可改写为"点A在圆O内____点B在圆O内____点C在圆O内".

4. 下列句子中加点字改为括号中的字之后,逻辑意义是否一样?语气上有什么变化?

(1) 3不但是正数,而且是整数;(虽然……但是……)

(2) 3和4都是正数;(是)

(3) 3是正数,且4是正数.(和)

八、"或"

多年前,有一个教师进修机构,曾经用下面一道选择题对一批参加进修的中学数学教师作测试:

"3≥3 是
(a) 正确的,
(b) 错误的,
(c) 有时正确,有时错误的"

结果多数教师认为"是错误的",或认为是"有时正确,有时错误的". 其实,"3≥3"恰恰是正确的.

为什么"3≥3"是正确的呢?原来符号"≥"表示"大于或等于",而"或"的意思,逻辑学里作了如下规定:

P	Q	P 或 Q	P	Q	P 或 Q
真	真	真	假	真	真
真	假	真	假	假	假

也就是说,在"$a>b$"和"$a=b$"两个式子中,只要有一个为真,包括两个都为真,那么"$a>b$ 或 $a=b$"这个复合命题,也即是"$a\geq b$"就是真的. 现在,"3=3"是真的,尽管"3>3"是假的,"3≥3"仍应是真的.

在数理逻辑里,与连接词"或"相应的运算叫"析取",用符号"$\vee$"表示. 与析取比较接近的自然语言还有"或者……或者……"、"或"都可以看成析取的语言外壳. 比如

(1) x 或者大于 3,或者是整数.

如果"x 大于 3"为真,"x 是整数"也为真,(1)就真;如果"x 大于 3"为真,但"x 是整数"为假,(1)也真;如果"x 大于 3"为假,而"x 是整数"为真,(1)也真;如果"$x>3$"为假,"x 是整数"也为假,此时(1)为假. (1)中的"或者……或者……"与逻辑上对析取的规定是一致的.

与"且"字一样,"或","或者……或者……"的意思,也常可以从集合运算角度来理解.

例句(1)中的"或者……或者……"也可以理解为求并运算.也就是说,把"大于3"的实数看成一个集合(P),把"整数"看成一个集合(Z),那么"或者大于3,或者是整数"的数构成的集合就是 P 和 Z 的并集($P\cup Z$),例句(1)里说的数,"或者大于3,或者是整数",就必在 $P\cup Z$ 内,所以,"或","或者……或者……"与求并运算有密切关系.

把"或","或者……或者……"理解为逻辑中的析取,或理解为集合中的并,两者常是一致的.

比起"且"来,"或"的逻辑意义难懂得多. 这主要是因为在析取的真值表里规定了允许 P、Q 同时为真(此时 $P\vee Q$ 为真,见真值表第一行),但在实际生活中,有时会出现 P、Q 根本不可能同时为真的情形,然而,人们也用"或"把两者连接起来. 比如:

(2) 上海市 2008 年元旦那天,地铁一号线头班 5 点发车或 5 点半发车.

我们可以把"头班 5 点发车"看作命题 P,"头班 5 点半发车"看作命题 Q,如 P 真,Q 假,则(2)为真;反过来,如 P 假,Q 真,则(2)为真;如 P 假,Q 假,当然(2)为假;但是绝对不可能出现 P 真 Q 也真的情况,因为头班车不可能既是 5 点发车,又是 5 点半发车,"5 点发车"和"5 点半发车"两者互相排斥. 所以,(2)中的"或"的意义与析取"$\vee$"的意义不尽相同. 在逻辑里,这种意义下的"或"叫做"互斥的析取",并用另一个符号"$\underline{\vee}$"表示.

"或"这个词,既是"析取"的外壳,又是"互斥的析取"的外壳,这就使得"或"这个词的含义有时容易混淆. 为了区别"析取"和"互斥的析取",建议说"析取"的时候用"或"字,而在说"互斥的析取"时改用"要么……要么……". 比如,(2)可改成为

(3) 上海 2008 年元旦那天,地铁一号线头班要么 5 点发车,要么 5 点半发车.

"或","或者……或者……"的意思是"两者必居其一",而"要么……要么……"含有"两者必居其一,且只居其一"的意思. 所以,用"要么……要么……"来表示"互斥的析取"更为确切.

"析取"和"互斥的析取"是有区别的,但两者又不是对立的,而是互相包含的. 也就是说,"互斥的析取"仍是"析取". "两者必居其一,且只居其一"(互斥的析取)毕竟还是满足"两者必居其一"(析取)的.

例句(3)用"要么……要么……"更确切,它反映出"只居其一"的特征;例句(2)用"或"就含糊些,它只反映了"必居其一"的特点,但也不错.

不少错误就是因为没有正确理解"或"字的双重逻辑意义而产生的.

本文一开始提到的"$3\geqslant 3$"这件事,如果深入分析一下,就是因为没有正确理解"或"字的双重逻辑意义. "$\geqslant$"的意义是"大于或等于"(析取). "大于"与"等于"两者有时是互斥的,有时不互斥. "$x>3$" 和 "$x=3$" 就是不互斥. 但是,这里涉及的"$3>3$"和"$3=3$"事实上是互斥的. 两个具体的数,不可能既大于又等于(对于 3

和 3 这两个数来说,只可能 3 = 3 为真).但我们说过,"互斥的析取"还是"析取","3 ≥ 3"(即"3 > 3 或 3 = 3")反映了两者必居其一,也是不错的,只是含糊了些而已.

高中数学课本中曾有这样一道题:
已知 $x > 0$,**求证**

$$x^2 + 2x + \frac{4}{x^3} \geq 6.$$

这题可以这样证:

∵ $x > 0$,

∴ $\dfrac{x^2 + 2x + \dfrac{4}{x^3}}{3} \geq \sqrt[3]{x^2 \cdot 2x \cdot \dfrac{4}{x^3}} = 2$

即

$$x^2 + 2x + \frac{4}{x^3} \geq 6. \qquad ①$$

但是,有人检查了一下,说其中的等号不可能成立,即找不到这样的 x,使上面的等号成立.因为当且只当

$$x^2 = 2x = \frac{4}{x^3} \qquad ②$$

时,①式才能取等号,而满足②的 x 不存在.于是有人认为这道题目错了,这种认识并不正确.

诚然,如果把题目改为:
已知 $x > 0$,**求证**

$$x^2 + 2x + \frac{4}{x^3} > 6.$$

是正确的,而且非常确切.但是我们不能说原题是错的.因为"≥"的意义是"大于或等于",是两者必居其一,没有说错,只是含糊些而已.

我们不但要会把析取和互斥的析取区分开来,而且还要会把合取和析取区分开来.例如,有些同学在解下列不等式

$$x^2 - 5x + 6 > 0$$

时,是这样解的:

$$(x-2)(x-3) > 0,$$

∴ $x < 2, x > 3$ ③

$$\therefore \quad 3 < x < 2. \qquad ④$$

也有同学这样解：
$$(x-2)(x-3) > 0,$$
$$\therefore \quad x < 2, x > 3.$$

所以原不等式无解.

这两个结果都是错误的. 究其原因，是没有弄清"$x<2$"和"$x>3$"之间该进行怎样的逻辑运算，也就是说，两者之间该用什么逻辑连接词来连接.

"$x<2$"和"$x>3$"之间，两者有一个满足，即可满足原不等式，因此原不等式的解应表为：
$$x < 2 \quad 或 \quad x > 3. \qquad ⑤$$

写成③是不明确的. 该明确的时候，没有写明确，所以是错误的. 进一步，写成④式，除了这种表达式是不允许(x小于一个较小的数 2，但反而大于一个较大的数 3)的外，从思想深处，这位同学有意无意地把③式理解为
$$x < 2 \quad 且 \quad x > 3. \qquad ⑥$$

既要小于 2，又要大于 3，所以写成了④式. 第二种解法，也是错把③理解为④，不过这位同学知道，既要小于 2，又要大于 3 是不可能的，所以得出无解的结论.

可见，在实际工作中，混淆析取与合取，即混淆"或"和"且"，带来的后果是很严重的. 这里，我们强调一下，这个例子里的③式这种写法很不好，一定要写作⑤式.

前面已经说过，混淆析取和"互斥的析取"，混淆合取和析取，都是常见的语言和逻辑错误. 更复杂的是，日常语言中，我们常常使用"和"、"与"、"同"、"跟"、"及"这些词. 使用了"和"、"与"、"同"、"跟"、"及"这种词的句子，有时反映了一个合取或析取式复合命题，究竟是反映了合取、还是析取，又很难把握；有时，又与合取、析取无关. 在这方面，还有不少问题值得讨论. 但在此先提醒读者，在遇到"和"、"与"、"跟"、"同"等词要慎重对待.

再分析一些例子.

(4) 3 和 4 都是有理数.

尽管可以"翻译"为合取式复合命题：

(5) 3 是有理数且 4 是有理数.

但是，"和"字只是连接词与词(3、4)，而不是连接命题与命题的. 同样，

(6) 混淆了最大值与极大值.

(6)中的"与"也只是一个词和词(而不是句和句)间的一个普通的语文连接词，不是逻辑连接词.

(7) 与函数 $y=x$ 的图像相比，$y=2x$ 更陡些.

(7)中的"与"是个介词. 不是连接词，更不是逻辑连接词.

练习

1. 分析下列加点的连接词的逻辑意义：
   (1) 可能是 5,可能是 6；
   (2) 也许有解,也许无解；
   (3) 不是正数,就是负数；
   (4) 或者是锐角三角形,或者是等腰三角形；
   (5) 或者第一个答案正确,或者第二个答案正确,不会都正确；
   (6) 要么 $a>b$,要么 $b>a$.

2. 下列各句中的"或"字是不是都表示逻辑连接词析取？
   (1) 无论平行四边形或梯形,都至少有一组对边互相平行；
   (2) 或者它是菱形,或者它是矩形；
   (3) 或是方程有实数解,或是方程无实数解,两者必居其一且只居其一.

3. 将下列句子翻译为合取式或析取式复合命题.
   (1) $\angle A$ 和 $\angle B$ 的角平分线都与已知直线 l 平行；
   (2) 无论三角形或是四边形,其外角和都等于 $360°$.

4. 论文选题:怎样教好"且"和"或"？

九、"如果……那么……"

我们常常会遇到带有连接词"如果……那么……"的句子,这种句子在逻辑里被称为蕴涵式复合命题.数学命题常常以这种形式出现.例如

(1) 如果两个角是对顶角,那么这两个角相等.

(2) 如果 $3 > 2$,那么 $3+1 > 2+1$.

数理逻辑里有一种叫"蕴涵"的运算,它的意义是这样规定的:

P	Q	P 蕴涵 Q	P	Q	P 蕴涵 Q
真	真	真	假	真	真
真	假	假	假	假	真

与"如果……那么……"相应的命题运算,也就是用上面的表规定的运算,叫"蕴涵".也就是说,"如果……那么……"是蕴涵的语言外壳.蕴涵记作"→"."如果 P,那么 Q",记作"$P \to Q$",P 叫前件,Q 叫后件.

实际上,上面这张表规定的蕴涵意义与日常生活中对"如果……那么……"意义不是很一致.在这个表中,判断"如果 P,那么 Q"的真假,只需根据 P 与 Q 的真假就行了,完全不要管 P、Q 的具体内容.这样做是很有好处的,特别是用计算机进行处理十分方便.而日常生活中,总认为,所谓"如果 P,那么 Q"为真,是指 Q 是依赖于 P 的.这种看法必须涉及 P、Q 的具体内容.

蕴涵和"如果……那么……"的相异点,是个十分复杂的理论问题,这里不可能予以阐述,好在大多数情况下,还不会发生重大的矛盾.

要注意,蕴涵式复合命题的真假和前件的真假没有必然联系.例如:

(3) 如果 $7=8$,那么 $7+1=8+1$.

不管从日常生活角度,还是从逻辑学中规定的角度,都是真的,但它的前件"$7=8$"却是假的.

不少同学由于不了解这一点,常常会在某些场合闹别扭,陷入困境.

比如在学习反证法时,就会遇到这样的情况:用反证法证明下列命题(图1),

一直线的垂线,和与该直线斜交的直线必定相交.

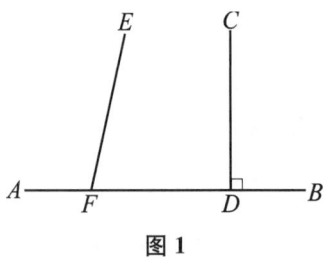

图1

第一句话就是:

假如 CD 与 EF 不相交,即 $CD \parallel EF$,

那么 $\angle CDB = \angle EFB$.

不少同学想不通,CD 明明不平行于 EF,怎么还可以"假设"它们平行呢,而且还要由此出发往下推呢? 其实,"如果 $CD \parallel EF$, 那么 $\angle CDB = \angle EFB$"这个蕴涵命题是真的,这个蕴涵命题为真与前提"$CD \parallel EF$"真假没有必然联系.

学习数学归纳法时,也会遇到类似的情形. 例如,用数学归纳法证明:

$$1+3+5+\cdots+(2n-1)=n^2$$

时,第二步是

若 $n=k$ 时等式成立,即

$$1+3+5+\cdots+(2k-1)=k^2, \qquad ①$$

那么

$$1+3+5+\cdots+(2k-1)+(2k+1)=k^2+(2k+1) \qquad ②$$

……

不少同学想不通,他们提出异议,说:"你怎么知道 $n=k$ 时等式成立呢?""你不知道 $n=k$ 时等式是否成立,怎么还可以往下推呢?"我们说"如果①成立,那么②成立"这个蕴涵命题是真的,它与前件①是否真的成立并没有必然关系.

"如果……那么……"这个连接词还有不少近义词,如"假若……那么……"、"若……则……"、"倘若……就……"、"一旦……就……"、"当……有……"等等. 如

(4) 若 $\angle \alpha$ 与 $\angle \beta$ 是对顶角,则 $\angle \alpha = \angle \beta$.

(5) 倘若 $\angle \alpha$ 与 $\angle \beta$ 是对顶角, $\angle \alpha$ 与 $\angle \beta$ 便相等.

(6) $\angle \alpha$、$\angle \beta$ 一旦被证实是对顶角,$\angle \alpha$、$\angle \beta$ 就相等.

(7) 当 $\angle \alpha$、$\angle \beta$ 成对顶角时,有 $\angle \alpha = \angle \beta$.

都是一个意思. 从语言角度来说,都有假设的味道,前半句是假设,所设的事件未必真的出现,后半句是在假设下,可以得出的结果. 在语言学中叫"假设复句".

蕴涵式复合命题还常常与语言学中的一种叫"条件复句"的句子有关. 条件复句常用的连接词有:"只要……就……","只有……才……","要……必须……","要……只需……"等等. 从逻辑上说,假设复句和条件复句没有什么差别. 假设是一种条件,而条件本身也是一种假设.

(8) 只要 $l_1 \parallel l_2$,就有 $\angle 1 = \angle 2$.

说的是有了"$l_1 \parallel l_2$"这个条件,不再要别的什么了,就会产生 $\angle 1 = \angle 2$ 这个结果

来. 前半句是条件,后半句是结果.

(9) 只有 $f(1)=g(1)$,才有 $f(x)=g(x)$.

换句话说,没有 $f(1)=g(1)$,就没有 $f(x)=g(x)$. 所以,(9)的前半句说的也是条件,但是从反面说的,强调没有它就不行.

"只要 P,就有 Q","只有 P 才有 Q"是数学中常用的句式. "只要 P,就有 Q",指出了使 Q 成立的条件,在逻辑上,把 P 叫做 Q 的充分条件;"只有 P 才有 Q",指出了没有 P 就不行,强调了 P 的必要性,逻辑上把 P 叫做 Q 的必要条件.

P 是 Q 的充分条件,Q 就是 P 的必要条件. 上面这两个句式可以互相转换的,比如,(9)可以改为

(10) 只要 $f(x)=g(x)$,就有 $f(1)=g(1)$.

所以,"只要……就有……","只有……才有……"是可以表达同一个意思,但是所连接的条件和结果是相反的.

"要……只需……"与"要……必须……"也是一对:

(11) 要 $f(1)=g(1)$,只需 $f(x)=g(x)$.

(12) 要 $f(x)=g(x)$,必须 $f(1)=g(1)$.

除此之外,还有"除非……否则……"这个连接词有时也会遇到.

(13) 除非 $f(1)=g(1)$,否则 $f(x)\neq g(x)$.

汉语中有时常常用两个否定词,但实质上等同于一个否定词,这里用了"非"、"否"两个否定词,实际上只有一个否定词起作用. "除非 P,否则 Q"可以解释为"P 否,则 Q",(13)可以改成:

(14) 假如 $f(1)\neq g(1)$,则 $f(x)\neq g(x)$.

与蕴涵式复合命题有关的还有所谓的因果复句. 与因果复句有关的连接词有"因为……所以……"、"由于……因此……"、"之所以……是因为……"等等. 前两个是顺述,后一个是倒装. 如

(15) 因为 $x=y$,所以 $x+1=y+1$.

(16) 之所以 $\angle 1=\angle 2$,是因为 $l_1 \parallel l_2$,且 $\angle 1$、$\angle 2$ 是同位角.

它们的逻辑结构是很显然的.

练习

1. 说出下面复句是属于假设复句,还是因果复句、条件复句? 如果前半句记为 P,后半句记为 Q,指出各句的逻辑结构.

    (1) 若 $a=b$,则 $c=d$;

    (2) 要证明 $a=b$,只要证明 $c=d$;

    (3) 由于点 A 在圆 O 内,所以 $OA<R$;

    (4) 只有 $a=b$,才可能有 $c=d$.

2. 下列各条件复句的逻辑结构是怎样的?

    (1) 只要对角线互相平分(P),四边形就是平行四边形(Q);

(2) 只有对角线互相平分(P),四边形才是平行四边形(Q);

(3) 要对角线互相平分(P),只要这个四边形是平行四边形(Q);

(4) 要对角线互相平分(P),这个四边形必须是平行四边形(Q).

3. "只有对角线互相平分,四边形才是平行四边形",对此,有人说,怎么能说只有对角线互相平分,四边形才是平行四边形呢?两组对边分别相等,四边形不也是平行四边形吗?你对此问题怎么看?

4. 下列各句中不正确的是(　　).

(A) 只有$|a|=|b|$,才有$a=b$

(B) 如果$|a|=|b|$,那么$a=b$

(C) 之所以$|a|=|b|$,是因为$a=b$

(D) 要$|a|=|b|$,只需$a=b$

十、"当且仅当"

数学中还常常用"当且仅当"这个词,如:

(1) 当且仅当 $\Delta=0$ 时,一元二次方程 $ax^2+bx+c=0$ 有两个相等的实数根.

这句话,实际上是:

(2) 当 $\Delta=0$ 时,一元二次方程 $ax^2+bx+c=0$ 有两个相等的实数根.

和

(3) 仅当(只有) $\Delta=0$ 时,一元二次方程 $ax^2+bx+c=0$ 有(才有)两个相等的**实数根.**

两个命题的合取,所以,命题"P 当且仅当 Q"(记为 $P \leftrightarrow Q$)相当于"当 Q 时有 P"和"仅当 Q 时有 P"的合取,即"$(P \rightarrow Q) \wedge (Q \rightarrow P)$".

(2)说的是"$\Delta=0$ 是有等实根的充分条件",而(3)说的是"$\Delta=0$ 是有等实根的必要条件",所以,(1)的意思是"$\Delta=0$ 是有等实根的充要条件". 可见,"当且仅当"这个词是与充要条件联系在一起的. (1)可以改写为:

(4) 一元二次方程 $ax^2+bx+c=0$ 有两个相等的实数根的充要条件是 $\Delta=0$.

$P \leftrightarrow Q$ 与 $Q \leftrightarrow P$ 等价,但在使用"充要条件"这类词时不可随意更换说话的主体. (1)或(4)完全可以改写为:

(5) 当且仅当一元二次方程有两个相等的实数根时,其判别式 $\Delta=0$,

或

(6) 一元二次方程 $ax^2+bx+c=0$ 的判别式 $\Delta=0$ 的充要条件是该方程有两个相等的实数根.

但(1)或(4)的主体是"有两等实根",而(5)或(6)的主体是"$\Delta=0$". 弄清这个主体是很重要的. 例如,在证明(4)时,要分别证充分性和必要性,其充分性是:

(7) 若 $\Delta=0$,则一元二次方程 $ax^2+bx+c=0$ 有两等实根,

其必要性是:

(8) 若一元二次方程 $ax^2+bx+c=0$ 有两等实根,则 $\Delta=0$.

而在证明(6)时,充分性是(8),必要性是(7). 主体不同,充分性、必要性就不同.

在中学数学中,或许是因为照顾学生的年龄特点吧,"当且仅当"这类词很少出

现. 按本意应该用"当且仅当"的,但却用"当"字来代替. 例如,

(9) 当 k 为何值时,方程组
$$\begin{cases} kx - 2y = 3, \\ 3x + ky = 4 \end{cases}$$
的解是 $x > 0$ 且 $y < 0$.

按理说,"当 k 为何值时……",是在研究"解 $x > 0$ 且 $y < 0$"的充分条件. 比如说,"$k = 0$ 时,该方程组的解满足要求". 但这样回答,教师肯定说"你漏解了". 也就是说,必须把满足要求的 k 的值都找出来,这就是研究解 $x > 0$ 且 $y < 0$ 的充要条件了.

对于这种以"当"代"当且仅当"的事实,首先,教师自己要弄清楚"当"和"当且仅当"的区别;同时在教学中要正确对待. 对基础较好的同学,或者是年级高一些的中学生,可以让他们弄清"当"与"当且仅当"的差别,认识到以"当"代"当且仅当"是不妥当的. 在大学数学中,措词十分严密,不少中学生进入大学以后,在严密性上吃了亏. 弄清"当"与"当且仅当"的差别,无疑对进一步深造是有益的. 对一般的学生当然就不必作此要求.

"当且仅当"还可表示为"必须且只需". 比如,(1)可改写为:

(10) 一元二次方程 $ax^2 + bx + c = 0$ 有相等实数根,必须且只需 $\Delta = 0$.

证明(10)的充分性,应证:

(11) 一元二次方程 $ax^2 + bx + c = 0$ 有相等实数根,只需 $\Delta = 0$,

即(7);而证必要性,应证:

(12) 一元二次方程 $ax^2 + bx + c = 0$ 有相等实数根,必须 $\Delta = 0$

即(8).

同以"当"代"当且仅当"一样,目前教学中把"必须"、"只需"两个词常常混淆. 例如,在解下列题

求函数 $y = \dfrac{\sqrt{x-1}}{x-2}$ 的定义域

时,有人这样写:

解:要使 y 有意义,**必须**
$$\begin{cases} x - 1 \geqslant 0, \\ x - 2 \neq 0, \end{cases}$$

所以,
$$x \geqslant 1 (但 x \neq 2).$$

也有人这样写:

解:要使 y 有意义,**只需**
$$\begin{cases} x - 1 \geqslant 0, \\ x - 2 \neq 0, \end{cases}$$

所以 $x \geqslant 1$(但 $x \neq 2$).

其实,解一是在研究使 y 有意义的必要条件,而解二是在研究使 y 有意义的充分条件,都不很妥当. 写成第三种解:

要使 y 有意义,必须且只需

……

才是正确的.

最后,分析一下下列几种说法:

$$P 是 Q 的充分条件,$$
$$P 是 Q 的充分但不必要的条件,$$
$$P 是 Q 的充分且必要条件.$$

在不少同学的心目中,"充分条件"就是"充分但不必要的条件",这种理解是不正确的. 比如,

(13) 两三角形全等是等积的充分条件.

(14) 两三角形全等是等积的充分但不是必要的条件.

都是正确的. (14)说得更为确切些. 换个例子,我们可以说:

(15) 两线平行是同位角相等的充分条件.

但是,不可以说

(16) 两线平行是同位角相等的充分但不是必要的条件.

从上面的讨论中,我们知道,"充分条件"可以是"充分且必要的条件",也可以是"充分但不必要的条件". 必要条件也有类似的结论. 这是我们用词时需要注意的.

练习

1. 用"当且仅当"、"必须且只需"、"充要条件"来叙述"多项式 $f(x)$ 被 $x-a$ 整除"和"$f(a)=0$"的关系.

2. 从"充分"、"必要"、"充要"、"充分但不必要"、"必要但不充分"中选择一个最合适的填入下列空格:

   (1) $x>0$ 是 $|x|=x$ 的_____条件;

   (2) 对角线相等是矩形的_____条件;

   (3) 虚部系数 b 为 0 是复数 $a+bi$ 为实数的_____条件;

   (4) 实部 $a=0$ 是复数 $a+bi$ 为纯虚数的_____条件.

十一、算术、代数中的常用词

公元前46年,罗马的首席执政官,著名的凯撒大帝颁布了改历命令.这部新历法后来被称为"儒略历".儒略是凯撒的名字.

凯撒改历的命令中规定:每隔三年置一个闰年.这个意思很明确,连续三年安排为平年之后,第四年要安排为闰年,依此类推.可惜,对这样一句话,偏偏有人把它理解错了,并因此引起了一个大错误.

宣布改历的次年,凯撒被刺身亡.管理历法的僧侣们把"每隔三年置一个闰年",误解为"每三年置一个闰年",也就是说,连续两年安排为平年之后,第三年就要安排为闰年.

时间一年年地过去,到公元前9年,竟多安排了三年闰年.当然,历法与实际的天文现象出现了很大的差错.

公元前9年,这个历法上的错误被反映到统治者奥古斯都那里.奥古斯都决定恢复"每隔三年置一个闰年"的规定.但是,由于前一阶段已经多安排了三个闰年,还得纠正这一错误造成的后果.所以,奥古斯都同时宣布从公元前8年到公元4年,这12年中不再安排闰年,使儒略历能正确地执行下去.

你看,由于理解错了"每隔……年"和"每……年"的意义,造成了一个历史性错误,后果有多严重啊!而"每隔……年"和"每……年"正是在算术和代数中经常碰到的词.算术、代数中经常用到的重要词很多,下面先谈表示变化的词.

"增加"、"减少"、"扩大"、"缩小"是一组表示变化方向的词.人们常常把"增加"与"扩大"混淆起来,把"减少"和"缩小"混淆起来.其实,"增加"、"减少"是针对数量说的,它是与加、减运算相联系的.而"扩大"、"缩小"是针对绝对值说的,它是与乘除运算联系在一起的.

从2变到6,可以说"增加了4",也可以说"扩大了3倍".前者是说数量"多了4个单位",与加法有关:

$$2+4=6,$$

后者是从另一角度,用变化后与变化前的倍数关系说明变化的情况,它与乘法有关:

$$2 \times 3 = 6.$$

从 6 变到 2,可以说"减少了 4",也可以说"缩小为 $\frac{1}{3}$". 前者与减法有关:

$$6 - 4 = 2,$$

后者与除法或乘法有关:

$$6 \div 3 = 2,$$
$$6 \times \frac{1}{3} = 2.$$

在用"缩小"这个词时,人们常说"缩小 2 倍",还是不妥当的,"扩大"可以与"倍"搭配,"缩小"应与"几分之几"搭配. 对这一点,在这里顺便提及.

数列里有一种无穷递缩等比数列,它与递减数列是两码事. 数列

$$3, 1, -1, -3, -5, -7, \cdots$$

是递减的,因为后项的数值比前项小,但不是递缩的,而数列

$$8, -4, 2, -1, \frac{1}{2}, -\frac{1}{4}, \frac{1}{8}, -\frac{1}{16}, \cdots$$

是递缩的,因为它的项的绝对值在缩小,但不是递减的. 数列

$$8, 4, 2, 1, \frac{1}{2}, \frac{1}{4}, \cdots$$
$$-8, -4, -2, -1, -\frac{1}{2}, -\frac{1}{4}, \cdots$$

也都是递缩的,但前者同时是递减的,后者却反而是递增的.

"增加到"、"增加了",是一组反映变化的终值和变化量的词,不少同学常常分不清楚. 与这两个词类似的还有"扩大到"、"扩大了"、"减少到"、"减少了"、"缩小为"、"缩小了"等.

我们知道,一个变化过程由始值(x_0)、终值(x_1)和变化量(Δx)构成. 如果始值已知,那么由于始值、终值和变化量三者之间存在着

$$x_0 + \Delta x = x_1$$

的关系,所以只要知道变化量 Δx,就可求出终值 x_1;或者知道终值 x_1,就可以知道变化量 Δx.

"了"这个词,在语法里属于时态助词(或动态助词),动词后面添了"了",就构成了完成式. 所以,"增加了"反映了"变化量". "到"这个词,在语法里属于介词. "到××",反映了目的地,所以"增加到"反映了变化的终值.

在反映变化量的时候,有时还会涉及是不是包括起终点在内的问题. 比如,"三

年后",这个提法清楚地反映了变化量是 3 年. 有时,把"三年后"说成"第四年". 比如,下列两个题目的意义是不一样的.

(1) 某厂建厂第一年末的职工人数是 100 人,三年后,职工人数 200 人,问职工人数平均每年增加的百分比是多少.

(2) 某厂建厂第一年末的职工人数是 100 人,第三年末达到 200 人,问平均每年增加的百分比是多少.

前一题年数的变化量是 3 年. 解答应是:

设平均每年增加 $p\%$,则有

$$200 = 100(1+p\%)^3,$$

从中解出 p

$$p = 26\%.$$

而后一题年数的变化量是 2 年,应从

$$200 = 100(1+p\%)^2$$

中解出 p,得

$$p = 41\%.$$

代数与算术应用题中还常常涉及方向的词.

"同向",表示两个运动者向同一方向运动."相向",两个运动者必须在异地,你朝着我,我朝着你运动,运动方向是相反的."背向",两个运动者的运动方向也是相反的,但往往起始时,两个运动者在同一地点,有时也用于两个运动者起始时不在同一地点的情况,比如甲在 A 点,乙在 B 点,这时,甲必须往 BA 的延长线方向前进,而乙必须往 AB 的延长线方向前进.

代数与算术中涉及的词是很多的,这里不可能一一辨析.

练习

1. 论文选题:谈谈列方程解应用题教学中的常用词.
2. 论文选题:谈谈排列组合应用题教学中的常用词.

十二、几何中的常用词

几何中经常用到表示位置关系的词.

"上"与"上方"不一样."点 A 在直线 l 上"表示点 A 是构成直线 l 的无数个点中的一点.也就是说,把直线 l 看成由点构成的集合,那么,A 属于这个集合.同样,直线 l 在平面 α 上,也是这个意思,即作为点集的直线 l 包含于作为点集的平面 α. 而"点 A 在直线 l 的上方",意味着 l 是一条直线,它把平面分成上方与下方两部分,点 A 在属于上方的那个半平面内.

"上方"与"下方"相对,"上"与"外"相对,几何里的"上",常有"内"的意思. 当然,几何里也说"内"与"外",如三角形的"内部"、"外部"等等.

反映关系的词语中,常有"互相"、"相"、"互"等词,如"互相平行","相邻","互补"、"互为对顶角".

关系都是反映两个或两个以上事物的某种联系.与性质不同,性质是反映一个事物的特征.如果某种关系有这样一种特点:甲对乙有这个关系,乙对甲也有这个关系,这种关系叫对称的关系.比如,"相等"就是一种对称的关系.因为 a 等于 b,当然有 b 等于 a.但"大于"就不是一种对称关系,因为如果 a 大于 b,b 不可能再大于 a 了.

对称关系反映在词语上常有可带"互"、"相"、"互相"等词.如 a 与 b 平行,可以说成"a、b 互相平行"."互为补角"的意思就是"甲是乙的补角,乙也是甲的补角".

"同"这个词,在反映位置关系时也常用到,如同位角,同旁内角,同弧所对的圆周角,同角的补角.

使用"同"字总是想反映两个事物,而这两个事物总是有某种共同之处.如"同位角",首先它是反映两个角;其次这两个角有共同之处,即位置相同(这个"位置相同",不能用日常生活中的意思去解释,而要按几何上的规定作解释).

与"同"意义接近的还有个"共"字.如"四点共圆"、"三点共线"、"三线共点".

"定"字也常常在几何中出现,如定点,"定"与"动"相对,"定点"就是固定了的点.但"确定"的含义深刻得多.

(1) 不在同一直线上的三点确定一个圆.

意思是如果三点固定下来(不在同一直线上),那么过这三点的圆也定下来了,可以作一个,也只可以作一个. 所以,"确定"一词有"甲定下来,乙也跟着定下来"的意思.

几何里有一种叫定值问题,也有一种叫定点问题. 下面的问题就是一个定点问题:

(2) 一个圆的各个内接三角形的各边的垂直平分线都经过定点.

它的意思是一个圆里的不同的内接三角形,各个三角形的不同的边的垂直平分线(当然也是不同的),它们都有一个共同的特征:过某一个固定的点. 这种定值问题含有"不管甲怎样变,乙却是固定的"的意思.

再谈谈关于形状、位置和数量关系的词.

数量关系和位置关系是不同的概念. 相等、大于、小于是数量关系,平行、垂直是位置关系. 有些同学把

$$\because AB \parallel CD,$$
$$CD \parallel EF,$$
$$\therefore AB \parallel EF$$

的推理的根据说成是"等量代换",就是错把位置关系当成数量关系了.

形状是不同于数量、位置的另一种概念. 宽、窄、扁是反映形状的,但因为它是模糊词,几何中用得并不多,只是在相对比较时才用到它. 如在解析几何中研究椭圆时说到:

(3) 椭圆的离心率 e 满足 $0 < e < 1$,e 越大,椭圆越扁.

在研究抛物线时,也说到

(4) 抛物线 $y = ax^2$,a 越大,开口越窄.

几何中常用到反映数量关系的词是等于、大于、小于. 由于几何量有长度、角度、面积、体积,还有离心率、斜率、曲率等等,所以等于、大于、小于可以用于长度、角度、面积等不同的几何量. 面积相等、体积相等简称等积.

"相似"是反映形状关系的词. "全等"既反映了"相似"的形状关系,又反映了"等积"的数量关系.

几何中还有不少画图的用词.

"联结"是作线段的用语,已知两点,作一条线段,以这两点为端点,叫"联结"这两点.

"延长"是作射线的用语,"反向延长"也是作射线的用语,两者的差别在于方向上.

"取"字常用于点,如"任取一点",意思是任意拿一点. "截取"常用于线段,如"截取线段 AB".

在几何作图语言中,常要用到很多介词. 如

(5) 以 A 为圆心,以 l 为半径画图,与直线 CD 相交于 E、F 两点.

(6) 延长 AB 到 C,使 BC 等于 3 cm.

其中"以"、"与"、"于"、"到"等,是几何作图用语言的重要特征之一. 不但要熟悉介词,而且要熟悉"以……为……"、"与……相交"、"与……平行"、"相交于……"、"延长到……"、"使……等于……"等等短语.

练习

1. "对"、"互"、"相"都是反映关系的词,试说出几个几何名词,分别带有"对"、"互"、"相"字.

2. 体会下列各句中加点字词的意思:
   (1) 以定点为圆心,定长为半径作圆;
   (2) 两条相交直线确定一个平面;
   (3) 两圆同心,作与小圆相切的大圆的弦,则弦长为定值;
   (4) 两圆同心,则与小圆相切的大圆的弦恒相等;
   (5) 以 AB 为一边,作△ABC;
   (6) 画△ABC,在形内任取一点 P;
   (7) 线段 AB 交 CD 于点 K;
   (8) 两三角形的两边与它们的夹角对应相等;
   (9) 三个圆 C_1、C_2、C_3 两两相切.

3. 如果两个三角形
   (A) 三个角分别相等
   (B) 三个角对应相等
   (C) 三边分别相等
   (D) 两条边和一个角分别相等

   那么这两个三角形全等.

   上面各句中,正确的是(　　).

句篇

JU PIAN

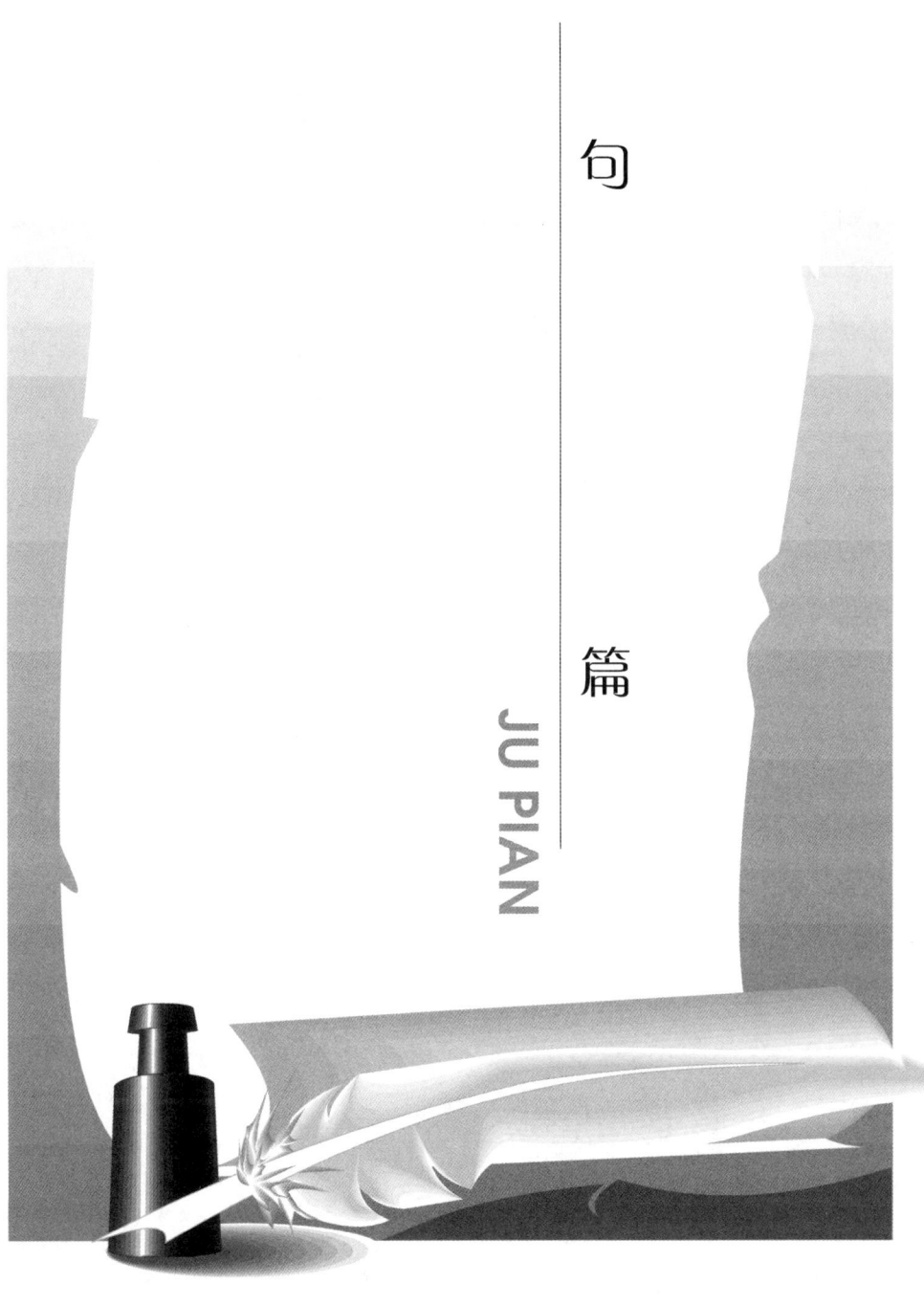

由于数学的严密性,数学中使用的短语和句子往往很复杂,而且常常还夹杂了数学符号,特别是变元.怎么读懂这样的短语和句子,怎样把自己的想法表示为这样的短语和句子,这并不容易.

另外,进行数学教学时,由于数学知识不容易懂,教师常常要换一个角度进行解释.这样,就要进行句子的同义变换.

事实证明,学生掌握数学课中的短语和句子是有一定的困难的.

一、修饰关系的分析

有这么一道题：

在△ABC 中，AB 和 AC 边上的高分别等于 $\sqrt{3}$ 和 $\sqrt{2}$，BC＝2，求∠A.（图 1）

有的同学这样解：

解一：∵ $CD = \sqrt{3}$，

$\qquad BE = \sqrt{2}$，

$\qquad BC = 2$，

∴ $\sin B = \dfrac{CD}{BC} = \dfrac{\sqrt{3}}{2}$，

$\qquad \angle B = 60°$.

……

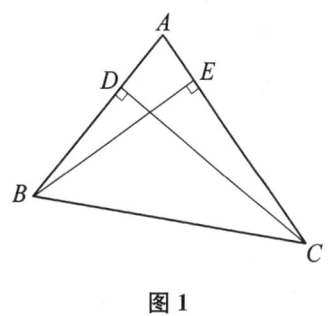

图 1

也有同学这样解：

解二：∵ $AB = \sqrt{3}$，$BE = \sqrt{2}$，$BC = 2$，

∴ $\sin C = \dfrac{BE}{BC} = \dfrac{\sqrt{2}}{2}$，

$\qquad \angle C = 45°$.

……

不难看出，两种解法的差别来源于对题意的理解有所不同. 事实上，这道题目的句子是有歧义的，句中的"AB 和 AC 边上的高分别等于 $\sqrt{3}$ 和 $\sqrt{2}$"的意思可以有两种解释：一种理解为"AB 上的高和 AC 上的高分别等于 $\sqrt{3}$ 和 $\sqrt{2}$"，另一种理解为"'AB'和'AC 上的高'分别等于 $\sqrt{3}$ 和 $\sqrt{2}$". 解一是按第一种理解做的，解二是按第二种理解做的. 不能说哪个解法不对，只能说题目的措词有问题，就是词的修饰关系不明确.

数学语句中大量使用限制和修饰词语，这与数学语言的严密性有关. 例如：

(1) 配方时，要加上并且减去一次项系数的一半的平方.

其中,在"平方"一词之前,加了"一次项系数的一半的"这样一个定语作为限制词语,而整个短语按语言学中的层次分析的方法,可分解为:

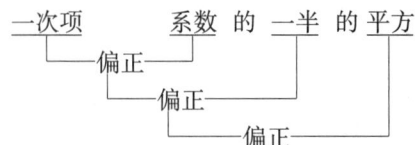

这个短语以名词"平方"作为中心词,可以叫名词性短语.中心词前的定语起限制或修饰作用.在语言学上,把这个定语与中心词之间的关系叫"偏正关系".整个名词性短语在一个句子中起到名词的作用.

充当名词性短语前面的定语,可以是名词(如"一次项的系数")、代词(如"什么数")、动词(如"增加的量")、形容词(如"光滑曲线")、数词(如"一直线")、数词加单位(语言学里也叫"量词",但不同于逻辑里的量词,如"两个等式")、指示代词加数词和量词(如"这一组方程")以及方位词(如"上面的边")等等,有时定语的结构十分复杂.

(1)中"平方"前的定语"一次项系数的一半"本身就是个名词性短语,所以,(1)是个复杂的多重修饰的短语.

多重修饰的名词性短语有两种形式:

一种是前加式.限制部分的各个组成成分是一项一项依次从前到后叠加上去,最后限制中心词.如(1)中的短语"一次项系数的一半的平方"中的"一次项"限制"系数",进而"一次项系数"限制"一半",最后"一次项系数的一半"限制"平方",是一个前加式的多重短语.

而下面句子:

(2) 解一个带字母系数的方程必须要讨论.

其中的名词性短语"一个带字母系数的方程"可分解为:

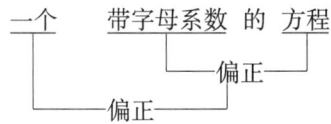

其中,"带字母系数"修饰"方程",而"一个"修饰"带字母系数的方程",修饰是从后面开始的,这种多重短语叫后加式多重短语.

再看下面的句子:

(3) 自然数又叫做正整数.

句中的"正整数"的结构可以分解如下:

"正"和"整"都是直接修饰"数"的.这种形式的短语叫多项修饰的名词性短语.

实际遇到的数学中的名词性短语,经常出现既是多重的(包括前加式和后加式),又是多项的短语.怎么正确地将它们分解清楚,实在是学好数学的一件至关重要的事.下面再举几个例子.

(4) 任意画一条垂直于直线 l 的直线.

句子中的"一条垂直于直线 l 的直线"是一个名词性短语.它可以分解为：

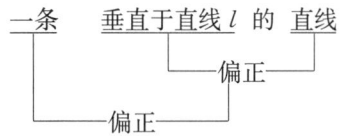

是一个后加式的多重名词性短语.

(5) 到两定点距离相等的点的轨迹是联结这两点的线段的垂直平分线.

句中的"到两定点距离相等的点的轨迹"和"联结这两点的线段的垂直平分线"是名词性短语.前一个短语可分解为

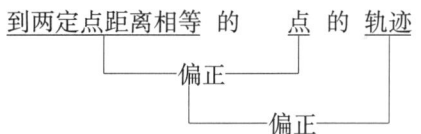

是一个前加式的多重名词性短语,后一个短语可分解为：

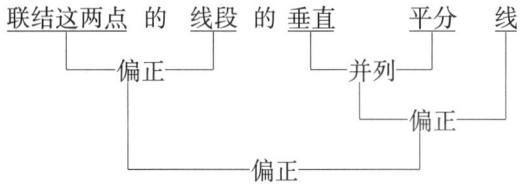

其结构是十分复杂的.

复杂的修饰关系究竟怎么分析,这需要一定的语言知识,但也一定要结合具体的数学知识.

有些句子本身就可以有两种以上的理解,这种句子叫歧义句.例如：

(6) 一个方程的解.

从表面上看这是一个句式,但有两种不同的深层结构.它可以分解为前加式多重名词性短语：

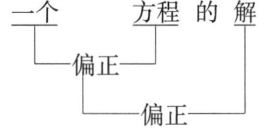

也可以分解为后加式多重名词性短语：

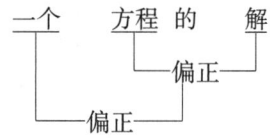

在前者，"一个"是限制"方程"的，而在后者，"一个"是限制"方程的解"的．前者是在这种情况下说的：我们遇到若干个方程，现在说的是其中一个方程，并研究它的解；而后者是在那样的情况下说的：有个方程有若干个解，我们研究其中一个解．

同样句式的短语：

（7）一个圆的切线．

它只能分解为前加式多重名词性短语：

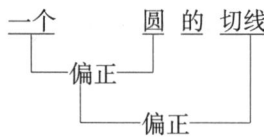

分解成

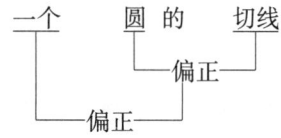

是说不通的．这是因为"一个"不能修饰"切线"．我们知道，在汉语里"切线"论"条"，不说"个"．

由此可见，多重修饰的名词性短语，会不会产生歧义，也就是可不可以既理解为前加式，又理解为后加式，关键在于前面的修饰语可不可以同时修饰其后的修饰语和最后的名词．(6)的第一个修饰语"一个"，可以修饰"方程"，也可以修饰"解"，就会产生歧义．(7)的第一个修饰语"一个"只可以修饰"圆"，而不能修饰"切线"，就不会产生歧义．

遇到会产生歧义的句子，一是要根据反映在前后文中的数学知识来判断，二是要遵循语言习惯．根据语言习惯，(6)常理解为"一个'方程'的解"，如果想反映出"一个'方程的解'"的意思，常改换成

（8）方程的一个解．

多项修饰的名词性短语的限制常常形状比较规则，有时还用顿号或逗号隔开，有时用连接词连接，一般不会与多重修饰的名词性短语相混淆．但是多项限制一旦夹杂了多重限制的成分，问题就变得复杂了．

（9）甲匀速向前或向后的时候……

其中的"匀速向前或向后的时候"，可以分解为：

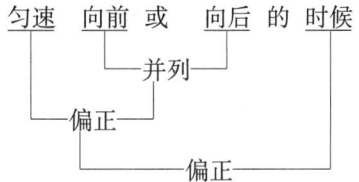

即"匀速"既修饰"向前",又修饰"向后".它也可以分解成:

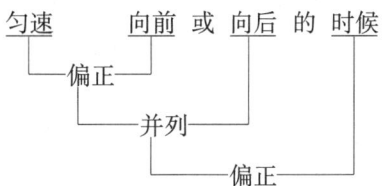

即"匀速"只修饰"向前",不修饰"向后".

问题也出在"匀速"一词既可以修饰多项限制中的前项(向前),也可以限制后项(向后).如果是:

(10) 甲匀速向前或停止的时候……

它就不会引起这样的误解了,它只能分解为:

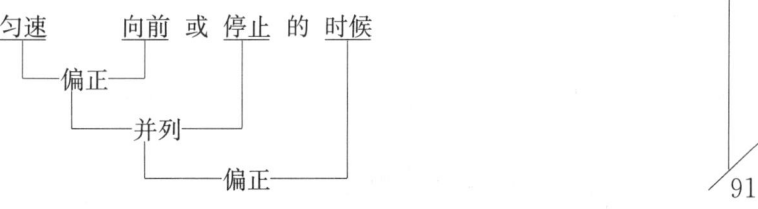

因为"匀速"不能修饰"停止".

对于(9)来说,为了不引起歧义,可以改换句式.如果想表达第一种结构,宜改为:

(11) 甲匀速向前或匀速向后的时候……

如要想表达第二种结构,宜改为:

(12) 甲向后或匀速向前的时候……

前面说到的名词性短语,都是以名词为中心,前面加上各种修饰、限制的偏正结构.名词性短语除了这种形式外,还有两个名词组成的联合短语以及复指短语等.

(13) 圆和抛物线

是联合式名词性短语,而

(14) 直线 *AB*

是复指式名词性短语,其中"直线"、"*AB*"是一回事.

如果把各式各样的限制词和联合式名词性短语、复指式名词性短语混在一起,情况就更为复杂化了.例如短语:

(15) 二次函数 $f(x)$ 和 $g(x)$.

它的结构可以有两种:

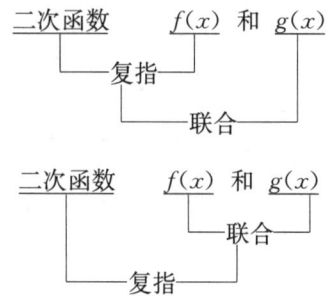

如果要表达前面一种意思,宜写成:

(16) 函数 $g(x)$ 和二次函数 $f(x)$.

如果要表达后面一种意思,宜写成:

(17) 二次函数 $f(x)$ 和二次函数 $g(x)$.

由上面分析,自然语言里缺少一种类似于算术中的"先乘除后加减,先做括号内,后做括号外"的运算规则,所以词语的修饰关系难以分辨. 这是自然语言的缺点. 但我们又不得不用自然语言,所以,就要求我们尽量设法避免自然语言中的歧义.

练习

1. 分解下列名词性短语的结构:
   (1) 到角的两边距离相等的点的轨迹;
   (2) AB、AC 的平行线;
   (3) 梯形 $ABCD$ 和三角形 CDF.

2. 下列名词性短语不会产生歧义的有(　　).
   (A) 一个三角形的外心
   (B) 三角形的一条中线
   (C) 一条直线的垂线
   (D) 等腰梯形 $ABCD$ 和 $ABEF$

二、语句的变形

拿到一个句子,首先要对它进行分析.过去,我们总是注重于哪个是主语,哪个是谓语……进行语法分析.例如,下面的句子:

(1) 直线 l 通过点 A.

(2) 点 A 被直线 l 通过.

其主语、谓语都是不同的,但学过几何的人,甚至稍懂常识的人都知道,这两句句子意义是一样的.这样的句子叫同义句.分析句子的意义叫句子的语义分析.

为什么句子(1)、(2)是同义句呢?因为尽管(1)和(2)的形式上不一样,但隐藏在深层的逻辑结构是一致的.

一个句子总由表示对象的词(叫做项)和表示运动、变化、状态等的词(叫谓词)构成的.

根据一种叫"格语法"的语法流派,项又可以分成各种不同的格.作为动作主体的叫"施事格",作为动作对象的叫"受事格",作为动作的间接对象叫"与格",作为工具的叫"工具格",作为时间、地点的分别叫"时间格"、"方位格".

谓词又有一元、二元、三元之分.只需要施事格的叫一元谓词,既需要施事格、又需要受事格的叫二元谓词,除施事格、受事格之外还需要与格的叫三元谓词.

句子(1)的施事是"直线 l",受事是"点 A",谓词"通过"是二元的.句子(2)的施事、受事与(1)一样.它们都可表示为下列图式:

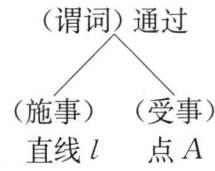

所以,它们的深层结构,或者说逻辑语义结构是一样的.

同义句实际上只是基本意义相同,但叙述的角度,强调的侧重点是不同的.例如(1)是从"直线 l"的角度看问题的,而(2)是从"点 A"的角度看问题的.

在理解一个问题时,需要从多角度加以分析.例如在解题目:

直线 l: $y=kx+1$ 过点 $A(1, 2)$,求 k

时,我们要将

(3) 直线 l: $y=kx+1$ 过点 $A(1, 2)$.

改为

(4) 点 $A(1, 2)$ 在直线 l: $y=kx+1$ 上.

然后,利用数学知识,知道 $(1, 2)$ 适合方程 $y=kx+1$,代入后求得 $k=1$.

(3) 和 (4) 同义,但在思考时,少不了先把 (3) 改换为 (4) 这一过程. 可见,使用同义句变换,改换了观察问题的角度,是人类思维活动中不可缺少的环节.

我们知道,"大于"和"小于"是一对逆关系. a 大于 b,反过来,b 就小于 a. 数学里的"包含于"和"包含了"、"通过……"和"在……上"也是逆关系. 不难看出,用逆关系可以改变句式.

利用逆关系改变句式时,谓词需要改变,主宾也要随之改变,通常把这种情况叫"换位".

另外,在同义句变换中,"把"字句、"被"字句的作用是很突出的.

(5) (我们) 列出方程.

它是普通句式,改为"把"字句,成

(6) (我们) 把方程列出.

改为"被"字句,成

(7) 方程被 (我们) 列出.

(5)、(6)、(7) 是同义的,它们的深层结构都是

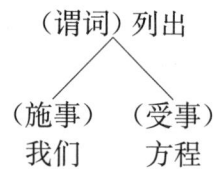

不难得到规律,把普通句式改为"把"字句时,只要把受事格放前,谓词放后就可以了. 把普通句式改为"被"字句时,受事格移到最前面,接着是施事格、谓词. 即有

普通句　　施事→谓词→受事

"把"字句　　施事→(把)受事→谓词

"被"字句　　受事→(被)施事→谓词

在"几何中的常用词"一节中,我们已经说到了对称关系. 如果一个关系是对称的,那么这个关系的逆关系就是它本身. "等于"是一种对称关系,它的逆关系还是"等于". 所以,如果一个关系是对称的,那么利用逆关系改换句式时,可以放心地换位. 如

$$\sin^2 x + \cos^2 x = 1$$

可换为
$$1 = \sin^2 x + \cos^2 x.$$

不少同学在学三角时就是不习惯将 1 化为 $\sin^2 x + \cos^2 x$，影响了解题的灵活性. 可见换位在数学思维中的重要性.

汉字"是"是一个很复杂的词. 作为关系，它可以是"同一"关系，如

(8) 等腰三角形是有两边相等的三角形.

同一关系是对称的，所以可以换位，成

(9) 有两边相等的三角形是等腰三角形.

有时，它反映的是"属于"关系和"包含"关系. 如

(10) 矩形是平行四边形.

(11) $\sqrt{2}$ 是无理数.

(10)里的"是"是"包含于"的意思，而(11)里的"是"是"属于"的意思. 包含关系、属于关系都不是对称的，所以不能简单地换位，需要利用它的逆关系. 但是，"是"作为一种关系，汉字里没有与它的逆关系对应的词. 那么，在我们需要改变观察问题的位置时，该怎样组织句子呢？

形式逻辑里有一套换位规则：

所有的 S 是 P $\xrightarrow{\text{换位}}$ 有些 P 是 S；

所有的 S 不是 P $\xrightarrow{\text{换位}}$ 所有的 P 不是 S；

有的 S 是 P $\xrightarrow{\text{换位}}$ 有的 P 是 S.

可见，在形式逻辑里是利用调节量词，得到了改换观察问题的位置所需的句式.

根据形式逻辑的换位规则，(10)可改换句式，成

(12) 有些平行四边形是矩形.

(11)可改换句式为：

(13) 有一个无理数是 $\sqrt{2}$.

换位规则中的第二条，将"所有的 S 不是 P"换位为"所有的 P 不是 S"，两句中的判断词都是"不是". 作为一种关系，"不是"是一种对称关系，不管它是代表"不同一"、还是"不属于"、"不包含". 所以，对全称否定式命题或单称命题可以放心地换位. 如

(14) 四边形不是圆.

可换位为

(15) 圆不是四边形.

但特称否定式命题不能换位.

练习

1. 把句子"(我们)延长 AB 到 C"改为同义的"把"字句和"被"字句.

2. 将下列句子换位：

(1) 圆周率就是圆周长与直径的比；

(2) a 大于 3；

(3) a 为实数.

三、命题的否定和涉及换质的语句变形

在进行语句的同义变形时,有一种是涉及换质的语句同义变形.
我们把

(1) 2 是有理数

改为

(2) 2 不是有理数.

这种变形叫做换质.不难看出,所谓换质,就是把判断词"是"(肯定的)换为"不是"(否定的),或者把"不是"(否定的)换成"是"(肯定的).

但是,这里的(1)和(2)的意义是不同的,所以从(1)变成(2)不是同义的语句变形.如果把

(3) 并非"2 是有理数"

改为(2),就是一种同义变形了.

显然,这种涉及换质的语句同义变形与命题的否定有关,或者说,与"并非"这个词有关.

对"并非"的意义,逻辑里作了规定:

P	并非 P
真	假
假	真

在逻辑里,真假相反的两个命题叫互为否定.如果一个命题记为 P,那么,它的否定可以记作 P'(或 $\sim P, \overline{P}, \neg P$). "并非"实际上是"否定"这一种逻辑运算的语言外壳.

单称命题的否定是很容易的.

(3) 并非"2 是有理数"

就是

(2) 2 不是有理数.

可见,通过改变判断词("是"变为"不是","不是"改为"是"),可以得到一个单称命题的否定.

但是对于全称命题和特称命题,要想求得其否定,就不能简单地通过改变判断词得到.

(4) 并非"所有的有理数都大于 0"

的意思是:

(5) 有的有理数不大于 0.

(6) 并非"有的直角三角形是等腰三角形"

的意思是:

(7) 所有的直角三角形都不是等腰三角形.

可见,全称命题的否定,可以变形为一个特称命题,其判断词也要作相应的变动("是"改为"不是","不是"改为"是"). 而特称命题的否定可以变形为一个全称命题,其判断词也要作相应的变动.

这里,值得一提的是"不都"与"都不"两个词. 请看:

(8) a、b、c、d 不都为 0

与

(9) a、b、c、d 都不为 0

的意义是不同的. (9)的意思是 a 不为 0,且 b 不为 0,且 c 不为 0,且 d 不为 0,就是:

(10) 所有的属于集合 $\{a、b、c、d\}$ 中的数都不是 0.

所以,它相当于一个全称命题,命题中所用的判断词为"不是". 而(8)的意思不同,它可以是"某一个数为 0,其余的不为 0";可以是"某两个数为 0,另两个数不为 0";可以是"某三个数为 0,其余的一个不为 0";也可以是"四个都不是 0",总之,除"四个数都为 0"的情况之外,就行了,即

(11) 并非"所有的属于集合 $\{a、b、c、d\}$ 中的数都是 0".

它是一个全称命题的否定,这个全称命题带判断词"是",根据刚才讨论过的全称命题的否定求法,它又可以改为:

(12) 有的属于 $\{a、b、c、d\}$ 的数不是 0.

混淆"不都"与"都不",是解排列组合题时的常见错误之一. 比如,对下面一道题:

从一个班级(30 人)中挑选 4 名代表去外校参观,若班委干部 A、B、C 不都选入,问有多少种选法?

有的解法是

$$C_{27}^4 = 17750(种).$$

其考虑问题的出发点是,既然 A、B、C 不选入,那么可以从余下的 27 人中选 4 人.

其实,这位同学把"A、B、C 不都选入"误解为"A、B、C 都不选入"了.

考虑到"不都"是"都"的否定,即全称命题的否定,所以,本题可以用扣除法解:班委干部都选入的代表挑选法有

$$C_{27}^1 = 27(种),$$

所以,班委干部不都选入的选法有

$$C_{30}^4 - C_{27}^1 = 27378(种).$$

对于一些多元命题的否定,可以参照上面所说的精神,把全称量词改为特称量词,把特称量词改为全称量词,同时把判断词作相应的改动. 例如,函数 $f(x)$ 有界的意思是:

(13) 存在一个正数 M,对 $f(x)$ 定义域内的所有的 x,都满足 $|f(x)| \leqslant M$.

那么无界函数就是

(14) 并非"存在一个正数 M,对 $f(x)$ 定义域内的所有 x,都满足 $|f(x)| \leqslant M$"

就是

(15) 对所有的正数 M,在 $f(x)$ 的定义域内,总有一个 x,使 $|f(x)| > M$.

(14)和(15)是同义的语句变换.

至少命题、至多命题的否定与全称命题、特称命题的否定有些不同.

(16) "至少有两个实数满足所说的方程".

其意思是或者有两个实数满足方程,或者有三个实数满足方程,或者有四个实数满足方程,……所以

(17) 并非"至少有两个实数满足所说的方程"

的意思是或者有一个实数满足方程,或者有 0 个实数(即没有实数)满足方程. 所以即是

(18) 至多只有一个实数满足所说的方程.

一般地,

(19) 并非"至少有 k 个 x 满足某性质",

就是

(20) 至多有 $k-1$ 个 x 满足某性质.

类似地,

(21) 并非"至多有 k 个 x 满足某性质",

就是

(22) 至少有 $k+1$ 个 x 满足某性质.

"至多有 k 个"、"至少有 $k+1$ 个"叫做一对互余的量词,所以,当把至少、至多命题的否定改换形式时,只要把量词改为它的余量词就可以了,后面的判断词不变.

(17)和(18)、(19)和(20)、(21)和(22)都是同义的语句变换.

以上是简单命题的否定. 在解决合取式复合命题、析取式复合命题的否定问题前,先引进两个公式:

$$(P \wedge Q)' = P' \vee Q',$$
$$(P \vee Q)' = P' \vee Q'.$$

就是说,两个命题合取的否定,等于这两个命题否定的析取;两个命题析取的否定,等于这两个命题否定的合取.

比如:

(23) 并非"$a=0$ 且 $b=0$"

的意思是,a、b 不都是 0,可能性有下面几种:

$$a = 0, \text{ 而 } b \neq 0,$$
$$a \neq 0, \text{ 而 } b = 0,$$
$$a \neq 0, \text{ 且 } b \neq 0,$$

就是 a、b 中至少有一个不为 0,即

(24) $a \neq 0$ 或 $b \neq 0.$

再比如:

(25) 并非"$a=0$ 或 $b=0$"

的意思是要在所有的情况中排除以下情况:

$$a = 0, \text{ 且 } b = 0,$$
$$a = 0, \text{ 但 } b \neq 0,$$
$$a \neq 0, \text{ 但 } b = 0,$$

剩下的只有:

(26) $a \neq 0$ 且 $b \neq 0.$

(23)和(24)、(25)和(26)是同义的语句变换.

合取的否定和析取的否定,很容易混淆.

我们知道

$$a \cdot b = 0 \qquad \qquad ①$$

就是

$$a = 0 \text{ 或 } b = 0,$$

但是,①式的否定

$$a \cdot b \neq 0 \qquad \qquad ②$$

却不是

$$a \neq 0 \text{ 或 } b \neq 0, \qquad \qquad ③$$

而是

$$a \neq 0 \text{ 且 } b \neq 0. \qquad \qquad ④$$

不少同学想不通,总以为②的意义是③.

我们知道，
$$|a|+|b|=0 \tag{⑤}$$
就是
$$a=0 \text{ 且 } b=0, \tag{⑥}$$
但是⑤式的否定
$$|a|+|b|\neq 0 \tag{⑦}$$
却不是
$$a\neq 0 \text{ 且 } b\neq 0, \tag{⑧}$$
而是
$$a\neq 0 \text{ 或 } b\neq 0. \tag{⑨}$$

不少同学也是很不理解．

再看一个例子．

五人排成一队，其中甲不站在排头，乙不站在排尾，总共有多少种排法？

有人这样考虑，既然"甲不站在排头，(且)乙不站在排尾"，所以只要在总数中扣除"甲站在排头，且乙站在排尾"的排法数，就可以了．而"甲站在排头，且乙站在排尾"的排法显然有 P_3 种，所以本题的解为

$$P_5-P_3=114(\text{种}).$$

其实，这种解法是错误的．原题要求为

"甲不在排头且乙不在排尾"，

从反面来解这道题，就要在总数中扣除符合下面条件的排列数：

(27) 并非"甲不在排头且乙不在排尾"．

根据前面所讲的公式，合取的否定即为否定的析取，所以，(27)即为

(28) 甲在排头或乙在排尾．

于是可知，我们要扣除的是符合(28)条件的排列数，而不是扣除符合

(29) 甲在排头且乙在排尾

条件的排列数．

练习

1. 通过改变判断词，将下列命题改换形式：

    (1) 并非"3 不是整数"；

    (2) 并非"x 属于 A"；

    (3) 并非"$AB /\!/ CD$"；

    (4) 并非"$x^2=4$"；

(5) 并非"x 大于 6".

2. 通过改变量词和判断词,将下列命题改换形式:
   (1) 并非"凡实数皆为正";
   (2) 并非"三角形内有一个点到三顶点等距离".

3. 五人中选两人,指定 A、B 都不在内,问有多少种选法? A、B 不都在内,又有多少种选法?

4. 试说出非周期函数,即
   并非"存在一个非 0 实数 T,对于一切 x 都有
   $$f(x+T) = f(x)$$
   成立"的意义.

5. 并非"我班至少有两个同学生于元旦那一天". 试改变说法,使它的含意不变.

6. 下列几种说法,意义是否相同?
   (1) 并非"有一个 x 有某性质";
   (2) 并非"至少有一个 x 有某性质";
   (3) 没有 x 满足某性质;
   (4) 所有的 x 都不满足某性质.

7. 在空格中填入"且"或"或":
   (1) $(x+3)(x-3) \neq 0$,即 $x+3 \neq 0$ _____ $x-3 \neq 0$;
   (2) $(x+3)^2 + (x-3)^2 \neq 0$,即 $x+3 \neq 0$ _____ $x-3 \neq 0$.

8. "四人排成一队,其中 A 不在队首,且 B 不在队尾."下列说法中,与它同义的是( ).
   (A) 并非"A 在首,且 B 在尾"
   (B) 并非"A 在首,或 B 在尾"
   (C) A、B 不在队伍两端
   (D) 并非"A、B 都在队伍两端"

9. 论文选题:中学生关于"不都"和"都不"的掌握情况的调查.

四、长句的分析和改换

为了把话说确切,常常要把一个句子中的某个成分添上很多限制词,或者把条件说得很透彻等,这样一来,句子往往就变得很长.数学里的定义、定理常常是长句.不少学生对于长句很害怕.他们不是去分析长句、弄清长句的结构和句子的意思,而是采用死记硬背的办法来对付定义、定理,当要他们复述一个定义和定理时,有时就会背错,不是缺了宾语,就是搭配不对.

对待长句,首先要会抓住句子的主要成分,也就是要会通过删去次要词语,把长句缩成一个短句,必要时再利用层次分析的方法把句子中某片断中的关系弄清楚.

那么,缩句缩到什么程度才算完成了呢?一般来说,缩到几个基本句式能够理解全句的结构和意义时就可以了.如对于主谓句,缩到"主语+谓语",或缩到"主语+谓语+宾语"就可以了.

(1) 等腰三角形两底角相等,

可缩为

底角相等,

其中"底角"是主语,"相等"是谓语.什么"底角"?等腰三角形的两个底角.这样全句意义就清楚了.

(2) 联结任意三角形的三个内角的相邻的三等分角线的三个交点而成的三角形是等边三角形(莫莱定理).

可缩为

三角形是等边三角形,

前一个"三角形"是主语,后面的"是等边三角形"是谓语.什么样的三角形是等边三角形呢?是"联结三个交点而成的"三角形."三个交点"又是怎样的呢?是"相邻的三等分角线"的交点."三等分角线"又是怎样的呢?是"任意三角形的三个内角的"三等分角线.这样整句的意思就清楚了.利用层次分析的方法,例句(2)中的作主语的名词短语可以进一步分析为:

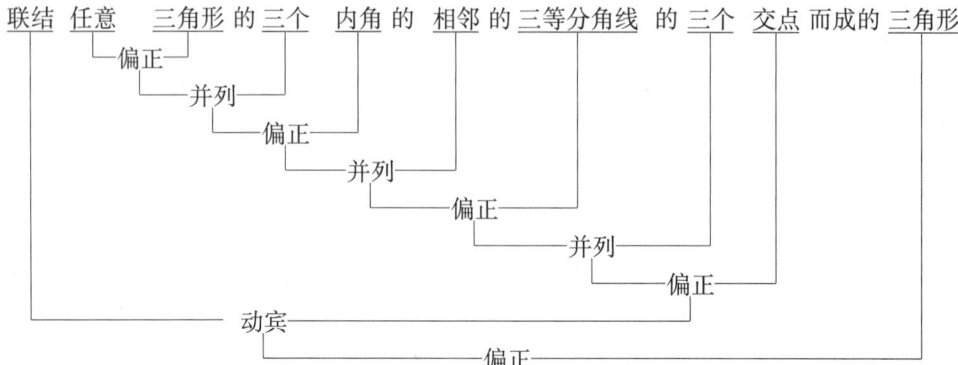

一般来说,我们现在毕竟不是语法专家,将来也不可能每个人都当语法专家,不一定要过分地拘泥于句子的语法结构,只要大体上把结构弄清楚,使思维能正确进行下去就可以了. 从这一指导思想出发,例句(2)缩成一个判断句,并且知道,作主语的名词短语,其定语部分是一个动宾结构(联结……三个交点),也就可以了.

下例是一个具有特殊句式的长句. 所谓特殊句式是指"把"字句、"被"字句、连动句和兼语句. "把"字句、"被"字句和"动+宾"的句子可以互相变换,前面已有叙述,这里不再赘述.

所谓"连动句",如:

(3) 我们设未知数列出方程.

句中主语是"我们",两个动词"设"和"列出"作谓语. 这种有两个动词,共有一个主语的句子,叫连动句.

所谓"兼语句",如:

(4) 画直线 l_1 垂直于直线 l_2.

此句中也有两个动词:"画"和"垂直于",但"画"的主语"我们"(句中被省略),"画"的宾语是"直线 l_1";而"垂直于"的主语是"直线 l_1",宾语是"直线 l_2".

(5) 任意给出一个实数 x,都可以找到一个实数 y,满足 $x+y=0$.

它的前半部分可以缩为连动句:

$$给出\ x,找到\ y.$$

动词"给出"、"找到"连用,且共有一个主语"我们"(句中被省略),是一个连动句. "任意"是修饰第一个动词"给出"的状语,前面的"一个实数"是修饰"x"的,"都可以"是修饰"找到"的,后面的"一个实数"又是修饰"y"的. 这些,都不会有异议的. 复杂的是,这句连动句中又套着一个兼语结构:

$$找到\ y,满足\ x+y=0.$$

"y"是"找到"的宾语,但又是"满足"的主语. 因此可以认为是上面这一个兼语结构作连动句中的第二个动词"找到"的宾语.

除了缩句之外,对于长句,还可以进行化长为短的句式改换. 复述定义、定理,最好的方法是在理解的基础上,用自己的语言表述出来,而"化长为短"是用自己语言表述时的常见方式.

所谓"化长为短",是指将一个长句分析成几个短句.一般带有并列结构的长句在改换成短句时较为简单些.此时要注意"分别"、"各"、"对应"、"都"等关键词.

(6) 一元二次方程的判别式大于 0、等于 0、小于 0 时,方程分别有两个不等的实根、两个相等的实根和两个虚根.

可改换为:

(7) 一元二次方程的判别式大于 0 时,方程有两个不等实根;等于 0 时,方程有两个相等实根;小于 0 时,有两个虚根.

(8) 甲班和乙班各有 48 人,甲班和乙班的平均成绩分别是 74 分和 82 分,求两班的总平均成绩.

可以改换为:

(9) 甲班有 48 人,乙班也有 48 人,甲班平均成绩是 74 分,而乙班平均成绩是 82 分.求两班的总平均成绩.

另外,我们还可以根据作图和计算的顺序,将长句化为短句,如将下列的(10)变换为(11).

(10) 三角形内任一点到各边的距离与相应边上的高的比值之和为定值.

(11) 在三角形内任取一点,过这点作三角形各边的垂线,并作这个三角形的三条高,计算这点到各边的距离与相应边上的高的比值;这些比值之和为定值.

将长句化为短句,便于理解.这对初学数学的人来说,是一件十分必要的、有意义的工作.但是,我们不能停留在这一步上,在适当的时候,要学会一下子看懂长句,并能用长句表达自己的思想.

练习

1. 将下列句子压缩,并说出压缩句子的句式:
   (1) 直角三角形的两直角边平方和等于斜边的平方;
   (2) 作平行于已知直线 m 的直线 l;
   (3) 作直线 l 平行于已知直线 m;
   (4) 过三角形的任一顶点作对边的垂线;
   (5) 过三角形的一个顶点 A 作任一直线交对边 BC 于点 D.
2. 将下列带并列成分的长句改为短句:
   (1) $\triangle ABC$ 的每一个外角都大于它不相邻的内角;
   (2) 快车与慢车的速度分别是每小时 70 千米和 50 千米,两车相距 100 千米,同时同向而行,慢车在前,快车在后,问几小时相遇.
3. 将下列长句改为短句:
   (1) 直角三角形的两个锐角 $\angle B$ 和 $\angle C$ 互为余角;
   (2) 腰与底对应成比例的两等腰三角形相似.

五、逻辑序

语言呈线状排列,当然就有个先后次序问题.对于有些句子,词的次序一变化,意义就完全不同了.如:

(1) 两数的平方和.

(2) 两数的和的平方.

它们是不同的,前者可以表示为
$$x^2+y^2,$$
而后者为
$$(x+y)^2.$$

有的句子中的词的次序一变化,本来不明确,或有歧义的,可以变得明确无歧义.如前面已分析过的:

(3) 一个方程的根,

有歧义,改成

(4) 方程的一个根,

是明确的.

可见语言的次序问题,即句子中的词的排列次序问题是值得重视的.1984年1月人民教育出版社中学语文室颁发的"中学教学语法系统提要(试用)"中,对多项定语的次序作了阐述.首先它认为多项定语的次序有规定性,也有灵活性.接着,它阐述了几项可供参考的规律:

(a) 带"的"的定语在不带"的"的定语之前.

(b) 数量短语作定语一般在带"的"的定语之前,也可以在带"的"定语之后.

(c) 领属性定语只能前置,不能后置.

(d) 几个定语都不带"的",一般的次序是:领属性定语,指示代词,数量短语,形容词,名词.

本文重点探讨一种所谓"逻辑顺序".

不少同学在复述圆的定义时,常说:

(5) 到圆心的距离等于半径的点的集合叫圆.

如果我对圆的概念一无所知,听了这话之后,就会问:那么什么是圆心,什么是半径呢?而要说清"圆心"、"半径"的意思,又得涉及圆,这就形成了循环定义了.所以,在复述圆的定义时,不能先提到圆心、半径,只能把它们分别说成"定点"、"定长".对圆的定义要说成:

(6) 到定点的距离等于定长的点的集合叫圆.

然后再指出

(6′) 这个定点叫这个圆的圆心,这个定长叫这个圆的半径.

类似地,有些同学说:

(7) 两底角相等的三角形是等腰三角形.

(8) 斜边平方等于两直角边平方的和,则这个三角形是直角三角形.

这样描述都是错误的.因为在还不知道是等腰三角形的前提下,说"底角"是没有依据的,在还不知道是直角三角形的时候,也不能提"斜边"和"直角边".

从上面两个例句可知,违反逻辑序的不仅是在复述定义时,在下判断时也有.

逻辑序的问题,在制造逆命题时显得特别突出.

(9) 等腰三角形两底角相等.

其逆命题不能说成:

(10) 两底角相等的三角形是等腰三角形.

因为在(9)中,先肯定了"等腰三角形",所以"底角"的提法是合理的,在逆命题中,事先不知道是不是"等腰三角形",故"底角"的提法就没有根据了.所以,(9)的逆命题要说成:

(11) 有两内角相等的三角形是等腰三角形.

(12) 如果一个三角形是等腰三角形,那么这个三角形两底角相等.

其逆命题不能写成:

(13) 如果这个三角形的两个内角相等,那么一个三角形是等腰三角形.

虽然,(13)中正确地运用了"内角"一词,但"如果'这个'三角形……那么……"中的"这个"指的是什么呢?

我们知道,"这个"、"那个"都是指示代词,一般使用指示代词时,都要先在前文中提到某个对象,后文中再提到该对象时,可以用"这个"、"那个"来代替.所以,(12)中的"这个"用得恰当,它指前文中提到的三角形,(13)中的"这个"指示不明,是不恰当的.

生搬硬套指示代词,也是制造逆命题时常见错误,仔细剖析一下,这也是与逻辑序有关的.

练习

1. 指出下列语句中的不妥之处:

(1) 公差相等的数列叫等差数列;

(2) 两底面平行,侧棱也互相平行的多边体叫棱柱;

(3) 如果这条线段等于直角三角形斜边的一半,那么它是斜边上的中线.

2. 论文选题:数学课中,初中生运用"这个"、"那个"两词的情况调查和产生错误的原因分析.

六、自然语句与带数学符号的语言的互"译"

一个数学概念,一个数学定理、法则和公式,用自然语言表述出来,往往疙里疙瘩,有时还容易引起误解. 如果引进一些符号,重新叙述一下,则常常使语言简洁,同时,由于这些符号的意义是人工加以规定的,所以结果明确而无歧义. 因此,注意将自然语句"翻译"为带数学符号的语言十分重要,这可以帮助我们更好地理解句子的内容,从而促进数学的学习.

比如,用自然语句表述的法则:

(1) 两个数的和及这两个数的差的积等于这两个数的平方差.

如果引进符号,记两个数分别为 a 和 b,则上句可表述为:
$$(a+b)(a-b)=a^2-b^2.$$

又比如,对于句子:

(2) 两个三角形的三条边分别对应相等,则这两个三角形全等.

如果把这两个三角形分别记为 $\triangle ABC$、$\triangle A'B'C'$,那么上句可以翻译成:

(3) 在 $\triangle ABC$ 和 $\triangle A'B'C'$ 中,如果 $AB=A'B'$,$AC=A'C'$,$BC=B'C'$,那么 $\triangle ABC \cong \triangle A'B'C'$.

在这种"翻译"过程中,首先是对象的"翻译".

自然语言中,同一类的几个对象的差别很难反映. 比如,"两个数",这一说法只反映了两个对象(数)的共同性——都是数. 但要区分出"两个数"的差别,往往只能用"这个数"、"那个数"这类词. 为了要弄清"这个数"、"那个数"中的指示代词"这个"、"那个"究竟指哪个,常会要人费一番心思. 而在带符号的语言中,由于广泛地引用符号,特别是字母符号——变元来代替数、点、函数等对象,同一类对象的区别就很容易地揭示出来. 字母可以代表数(点、函数等等),但不同的数(点、函数)要用不同的字母表示.

比如,两个数可以分别叫 a、b,两个点可以分别叫 A、B,两个函数可以分别为 $f(x)$、$g(x)$……这样把我们所要讨论的同一类的若干对象间的差别表示得一清二楚.

把对象记为字母符号,是一种抽象.比如,为了把
$$1+2=2+1,$$
$$2+3=3+2,$$
$$4+5=5+4,$$
$$\cdots\cdots$$
等式子总结成规律,可以设 a、b 两个数,然后得出
$$a+b=b+a.$$
a、b 是抽象的,它们可以代表一切数,由于这种抽象性,规则(加法交换律)可以表述得十分简洁.

在对象的翻译过程中,初学者常常会犯一些错误或有一些障碍.

第一是不敢设字母,这是抽象能力不强的表现.

第二是不考虑同一类两个对象间的差别.比如,初学列方程解应用题的同学,常常把题中的未知数都设为 x.

第三是分不清不同对象间是独立的还是关联的.独立的对象应该用不同的字母表示,而相关的对象可以用不同的字母表示(附有一个关系式),也可以一个设为 x,另一个用 x 的式子表示.比如,一个数设为 a,它的相反数可以设为 $-a$.在列方程解应用题时,有些学生把各个未知数分别设为 x、y、z、$\cdots$,其实有些有关联的变量不一定要另设一个字母.

"翻译"工作的第二个阶段是对对象的性质和对象间的关系的"翻译".

对性质和关系,也会有一些符号,如 $+$、$-$、$\times$、$\div$、$=$、$\cap$、$\cong$ 等,但对性质和关系的"翻译"的困难不在于这些符号,而在于对原来的自然语句中所反映出来的次序和自然语句中的词义是否真正理解.所以,在"翻译"时,先要对自然语句的句义弄懂,为此,就要用到长句化短句、缩句等手法.但反过来,引进符号对理解句义又是有促进作用的.

例如:

(4) 同分母两个分数的和是一个分数,其分母与原来两个分数的分母相同,其分子等于原来两个分数的分子的和.

句中的对象有"同分母的两个分数"、"和"、"其分母"、"其分子"、"原来两个分数的分母"、"原来两个分数的分子"等等.其中"其分母"、"其分子"的指示代词"其"指的是"和","原来的两个分数的分母"中的"原来的"当然是指的"同分母的两个分数".分析清楚这些对象的结构及特性之后,我们可以设

"同分母两分数"为 $\dfrac{b}{a}$、$\dfrac{c}{a}$,

"和"为 $\dfrac{b}{a}+\dfrac{c}{a}$,

"原来的两个分数的分母"为 a,

"原来的两个分数的分子之和"为 $b+c$. 根据句子的意思,接下去不难"译"出全句.

$$\frac{b}{a}+\frac{c}{a}=\frac{b+c}{a}.$$

下面看几何的例子. 由于几何的本身的特点,往往不可能将自然语句"译"成一个式子,而是"译"成结合图形的带有符号的语句. 如对于自然语句

(5) 等腰三角形底角的平分线相等.

可以先"设 $\triangle ABC$ 是等腰三角形,$\angle B=\angle C$",然后"画出 $\angle B$、$\angle C$ 的平分线 BD、CE,则 $BD=CE$". 这样就将(5)译成了结合图形的带有符号的语句:

(6) 在 $\triangle ABC$ 中,$\angle B=\angle C$,BD、CE 分别是 $\angle B$、$\angle C$ 的平分线,则 $BD=CE$.

以上所说,不论是对象的符号化,还是性质、关系的符号化,都只是将自然语句"翻译"成带有符号的语句,或结合图形的带有符号的语句. 这个过程,对理解自然语句所表述的数学内涵是十分必要的. 但是,带有符号的语句中也有缺点,由于各人可以将对象设为不同的字母,例如,同样对(5),你可以设"$\triangle ABC$"是等腰三角形,也可以设"$\triangle XYZ$"是等腰三角形,你可以将(5)整句译成这样一句结合图形的带有符号的语句,也可以译成另一句,尽管意思一样,但是外表上不一致. 所以,作为定理,一般还是采用自然语句来表述,因为这样可以有更大的概括性.

我们不但要学会将自然语言"译"成带有符号的语句或结合图形的带有符号的语句,还要学会将带有符号的语句"译"成自然语言.

(7) 在 $\square ABCD$ 中,对角线 AC、BD 交于点 O,则 $AO=CO$,$BO=DO$.

在这一句中,要隐去"$ABCD$"这个名称,这句话是对"平行四边形"说的,"AC"、"BD"的名称也可相应地隐去,而代之以"平行四边形的对角线",接着,"$AO=CO$"、"$BO=DO$",反映了对角线"相互平分"的特性,这样一分析,(7)整句就可以译为自然语句:

(8) 平行四边形对角线互相平分.

在式子

$$a^m \cdot a^n = a^{m+n} \quad \text{①}$$

中,左端是两个幂相乘,只是指数不同,底数都是 a. 隐去"a",就可将左端说成"同底数的两个幂相乘",右端还是个幂,底为 a,指数为 $m+n$. 指数可以用"原来两个幂的指数的和"来替代,"a"可以用"原来的底"来代替,整个式子可"译"为:

(9) 同底数的两个幂相乘,其积仍是一个幂,它的底与原来的两个幂的底相同,它的指数等于原来两个幂的指数的和.

这个式子"翻译"时,首先要将条件(等式①的左端)部分译好. 其次,要"译"结论(等式①的右端)部分. "翻译"结论时,先要交代它仍是幂,而幂有两个组成部分(底与指数),再要——交代清楚. 这里用了"它的"(指结果里的那个幂)和"原来的"

(指条件里的两个幂)这两个词,这种词是最不容易用准确的,一旦用错,所指的对象就会搞混了.

这样的"翻译"的确不容易,即使"译"好了,这句话(9)读起来也颇费心思.所以,在初中代数里,对式子

$$a^m \cdot a^n = a^{m+n}$$

一般都只介绍简化说法:

(10) "同底相乘,底数不变,指数相加".

显然这不能算是这个数学定理的正确叙述.

由此可见,将带有符号的语句或结合图形的带有符号的语句"翻译"成自然语言时,首要的事是隐去表示对象的符号.有时这个符号出现多次,有时由这个符号派生出一些符号($\triangle ABC$ 派生出 $\angle B$、$\angle C$,$\angle B$、$\angle C$ 派生出 BD、CE),在隐去这些派生符号时,就一定要用自然语言将这些派生符号与初始符号的关系交代清楚,这也就是常常要用"它的"、"这个"、"那个"、"原来的"等这类词的原因.

练习

1. 将下列带有符号的语句"译"为自然语言:

    (1) $a \cdot \dfrac{1}{a} = 1 \quad (a \neq 0)$;

    (2) $|a| = \begin{cases} a, a \geq 0; \\ -a, a < 0; \end{cases}$

    (3) $\triangle ABC$ 中,$\angle B = \angle C$,$AD \perp BC$,则 $\angle DAB = \angle DAC$;

    (4) $AB /\!/ CD$,EF 与 AB、CD 分别交于点 X、Y,则 $\angle EXA = \angle EYC$.

2. 将下列自然语言"译"为带有符号的语句:

    (1) 两条直线被第三条直线所截,如果内错角相等,则这两条直线平行;

    (2) 直角三角形斜边上的中线等于斜边的一半;

    (3) 两数和的平方等于这两数的平方及这两数积的两倍的和;

    (4) 等量加等量,其和相等.

七、四种命题形式

数学里特别强调将一个命题改写为蕴涵式,即"如果……那么……"的形式."如果……那么……"是条件复句,用"如果"和"那么"引导出的都应该是一个完整的句子.所以在改写过程中,不能简单地将句子分成两半,前半句冠以"如果",后半句冠以"那么",这样会产生病句.比如

(1) 对顶角相等

在改写时,决不可改为:

(2) 如果对顶角,那么相等,

将句子改写为"如果……那么……"的形式的规律是这样的:

"××的 A 是 B"

⟶"如果 A 是××,则 A 是 B."

然而这里困难的是:(1)中的相应的 A 在句子里并未作出交代.我们知道,"××的 A"中的××是修饰限制词,A 是被限制的概念.在(1)中,被限制概念没有交代.在改写时,一定要先致力于找这个被省略了的被限制概念.

回忆对顶角的定义,对顶角是"顶点相同,两组边分别互为反向延长线的两个角",可见,被限制概念是"两个角".

这样,就不难将(1)改写为:

(2′) 如果两个角是对顶角,那么这两个角相等.

还有,在改写时要考虑对象的数量.如:

(3) $\sqrt{2}$ 是无理数.

这是一个单称命题,被判断的数量只有一个——$\sqrt{2}$.改为"如果……那么……"的形式时,考虑到 $\sqrt{2}$ 是个实数,被限制概念是实数,同时还要考虑数量是"一个"实数,所以,(3)应改写为:

(4) 如果一个实数是 $\sqrt{2}$,那么这个实数是无理数.

再如:

(5) 任一个直角三角形都满足勾股定理.

是一个全称命题,但改写后却成:

(6) 如果有一个三角形是直角三角形,那么它满足勾股定理.

(7) 任两条平行于 l 的直线互相平行.

改写后成为:

(8) 如果有两条直线都平行于 l,那么这两条直线互相平行.

数学里重视将蕴涵式命题变换成其他的新命题,通常有四种形式,即所谓逆命题、否命题、逆否命题,加上原命题.

诚然,一些简单的命题是可以直接写出它的四种形式的,如(3)的逆命题可以直接写成:

(9) 无理数是 $\sqrt{2}$,

否命题是:

(10) 不是 $\sqrt{2}$ 就不是无理数,

逆否命题是:

(11) 不是无理数就不是 $\sqrt{2}$.

但是,这仅仅对

"××是××"

这类最简单的判断是可行的. 若将这个经验机械地搬到其他命题上去,常常会犯错误. 如对(1),不少学生以为(1)的逆命题是

(12) 相等的对顶角,

或

(13) 相等对顶角,

否命题是

(14) 不是对顶角不相等,

逆否命题是

(15) 不相等不是对顶角.

这些都是错误的.

我们强调,除一些最简单的命题,要将命题表述为"如果……那么……"的形式之后,才可以动手改写成四种形式.(1)改为(2)后,再写出四种形式就不容易错了:

(16) 如果两个角相等,那么这两个角是对顶角(逆命题).

(17) 如果两个角不是对顶角,那么这两个角不相等(否命题).

(18) 如果两个角不相等,那么这两个角不是对顶角(逆否命题).

在写逆命题的时候,就语言角度来说,要注意逻辑顺序问题. 这在前面已经谈及. 这里再举一例:

(19) 如果一个整数的个位数字是偶数,那么它可以被 2 整除.

其中的"它"是代词,代替前半句中的"一个整数". 这种用法是完全正确的. 但是在

写逆命题时,有些同学把后半句原封不动地搬到前面去,那就不妥了.

(20) 如果它可以被 2 整除,那么一个整数的个位数字是偶数.

这里的"它"代替什么呢?使人丈二和尚摸不着头脑.正确的说法是:

(21) 如果一个整数可以被 2 整除,那么它的个位数字是偶数.

在写否命题的时候,关键在于会把条件否定,结论否定.再如:

(22) 如果 $x\in(0,\pi)$,那么 $\sin x>0$.

其否命题是

(23) 如果 $x\in(0,\pi)$,那么 $\sin x\leqslant 0$.

注意到逻辑序,又会否定,写出逆否命题就不会很困难了.

练习

1. 将"同角的余角相等"改写为"如果……那么……"的形式时,下列各答案中,正确的是( ).

    (A) 如果同角的余角,那么相等
    (B) 如果是同角,那么它们的余角相等
    (C) 如果两个角是同角,那么它们的余角相等
    (D) 如果两个角是同一个角的余角,那么它们相等

2. 将下列命题改写为"如果……那么……"的形式:

    (1) 对角线互相平分的四边形是平行四边形;
    (2) 同弧上的圆周角相等.

3. 写出下列命题的四种形式:

    (1) 如果一个二次方程的 $\Delta>0$,则这个方程有两个不相等的实根;
    (2) 平行弦间所夹的两段弧相等.

4. 不少参考书都说:任何命题都可以改写为"如果……那么……"的形式,你认为是否正确?

八、辅助线作法的语句

现在的教材中,尽管作图题的要求大大降低了,但多少还要求写一点作法;在证明题时,还常常要添辅助线,辅助线的作法总还是要写的.

本文着重讨论辅助线作法中的语句问题.不少同学,心里这样想,纸上也这样画,但写出的作法却没有表达清楚.辅助线作法没写好,会使别人看不懂,有时甚至自己也会被弄糊涂,这主要是语言基础问题.

写作法需注意三点:

首先,写作法要恰如其分.

辅助线大多要求是确定的,就是可以作一条这样的线,也只可以作一条这样的线.这时,就要求作法能反映出这种确定性.然而,不少同学写出的作法,不是无法画出(要求太高),就是可画出的不只是一条(要求太低).比如

(1) 联结 AB,并使 $AB=a$;

(2) 作 $\angle ABC$ 的平分线 BD,并使 $BD \perp AC$

就是要求太高的作法.而

(3) 过点 A 作 $AB=a$;

(4) 作 AB 的垂线

就是要求太低的作法.

为了使作法反映出这种确定性,要了解确定常见图形的方法.

点,一般要两条线(直线或圆弧线)相交确定.比如:

(5) 过 $\triangle ABC$ 的顶点 A 作 $\angle A$ 的平分线与 BC 交于点 D,

其中的点 D 就是由两直线相交得到的,有一个且只有一个.

(6) 在直角三角形 ABC 中,在斜边 AB 上截取 $AD=AC$,

其中,实际上已确定了点 D,它是由直线和圆弧(以 A 为圆心,AC 为半径)相交确定的.需要注意的是:圆弧与直线可能有两个交点.必须限制一下,使作法反映的点是唯一的.(6)中体现了这种限制.因为 A 为圆心,AC 为半径的弧与斜边所在直线的另一个交点在 AB 的反向延长线上,作法中通过"在斜边 AB 上截取"这样的词语就排除了另一个交点.

直线,可以通过两点来确定,也可以通过一点、一个方向确定.如:

(7) 联结 A、B 两点,

(8) 过点 A、B 作直线 l,

就是通过两点确定直线.

(9) 过点 A 作 $AB /\!/ CD$,

则是通过一点、一个方向确定直线的.包括

(10) 作 $\angle ABC$ 的平分线,

(11) 作 AB 的垂直平分线,

(12) 过点 A 作圆 O 的切线,

等句,仔细分析一下,都是通过一点、一个方向确定直线的.

线段,通过两个端点确定,有时可以用一个端点、方向和长度来确定.

(13) 延长 AB 到 C,使 $BC = AB$,

其中的线段 BC 就是用一端点(B)、方向(AB 方向)、长度($BC = AB$)来确定的.

圆或弧,通过圆心位置和半径大小确定,有时也可以用不在同一直线上的三点来确定.

(14) 作 $\triangle ABC$ 的外接圆,

就是三点定圆.

也有些线并不需要确定.这种线有时是完全随意的,有时则是部分随意的,作法中这种随意性要恰如其分.

(15) 过 $\angle ABC$ 的顶点 B,任作射线 BD,

其中的 BD 是部分随意的,这样的 BD 不止一条,但必须过点 B.

(16) 以 A 为圆心,以任意长为半径作弧,

也是部分随意的.这样的弧不止一条,但圆心固定,只是半径可随意取.

(17) 分别以 A、B 为圆心,以相同的适当的长为半径,作弧相交于点 D.

其中的两条弧也是部分随意的,但随意性较(16)更小些,它们的半径大小要适当,即要使两弧相交.

在确定直线、点、弧等的诸项要求中,减去一部分,就是部分随意的,全部删去,那就是完全随意的了.

(18) 作 $\triangle ABC$,

那就是完全随意的.

其次,写作法时,要及时命名.

画图时,一个点、一条线、一段弧画出来了之后,总要给它起个名,有些同学不敢命名,下面的文章就无法做了.

从语句角度看,命名有多种方式.

(19) $\angle A$ 与 $\angle B$ 的平分线相交于点 C,

其中对交点命了名,这是一种名称(C)在后、特性($\angle A$、$\angle B$ 平分线交点)在前的格式.

(20) 作 AB 的垂直平分线 CD，

也是这种格式. 而

(21) 取点 C，使它在 AB 上，并使 $AC=BC$.

则是名称在前，特性在后的格式.

第三，要熟悉作法语句的语言特点.

作法所用的语句中，大量使用介词结构，这是为了确保作法语句的确定性. 如"以……为……"、"交……于……"、"与……交于……"、"延长……到……"、"过……作……"、"在……上取……"等，其中有的还带有文言文色彩，如"交……于……"等.

作法语句大多是动词谓语句（主＋动＋宾），还大量使用兼语句. 如：

(22) 作弧交 AB 于点 C.

(23) 使 $AB=a$.

练习

1. 依下列要求画图：
   (1) 任给两点 A、B，联结 AB，取 AB 的中点 C，过点 C 作 $CD \perp AB$；
   (2) 任给 $\angle ABC$，从点 B 出发，任画射线 BD，分别作 $\angle ABD$ 和 $\angle CBD$ 的平分线 BE 和 BF；
   (3) 已知圆 O，在圆 O 上取 A、B 两点，联结 AB，过点 O 作直径 $CD \parallel AB$；
   (4) 在已知的 $\square ABCD$ 中，联结 AC 和 BD，两线相交于点 O，以点 O 为圆心，以 AO 的长为半径画圆.

2. 给下列画出的图形命名：
   (1) 联结正方形 $ABCD$ 的对角线 AC 和 BD，两对角线交于_____；
   (2) 在 $\triangle ABC$ 中，$AB>AC$，作 BC 上的中线 AD，在 AB 上截取 A_____，使它等于 AD.

3. 填介词：
   (1) _____O 为圆心，_____r 为半径，作圆；
   (2) _____A 为起点，在射线 AB 上截取 $AC=3$ cm；
   (3) 延长 AB _____C，使 $BC=AB$，_____B 作 $BD \perp AB$，与以 B 为圆心，_____AB 为半径的圆交_____D.

4. 论文选题：怎样教辅助线作法的写法.

九、轨迹的描述语句

轨迹的知识是很难掌握的,之所以难,有知识本身问题,也有语言问题.

(1) 到两定点距离都相等的点的轨迹是联结这两点所组成的线段的垂直平分线.

它可以缩为:

(2) ××的点的轨迹是垂直平分线.

其中"××"表示"点"的特性.而"是"字后面的是某个几何图形 G,本句中这个图形是直线.

根据轨迹的意义,有两个要求:

(a) 图形 G 上的点都满足特性××;

(b) ××的点都在图形 G 上.

前者叫"纯粹性";后者叫"完备性".

运用"如果……那么……"的形式,(a)可以改写为:

(a′) 如果有个点在图形 G 上,那么这个点有特性××.

而(b)可以改写为:

(b′) 如果有个点有特性××,那么这个点在图形 G 上.

容易看出,(a′)和(b′)合起来,就是:

(3) 一个点在图形 G 上,当且仅当这个点有特性××.

利用逆否命题的知识,(a′)还可改写为:

(a″) 如果一个点没有特性××,那么它不在图形 G 上.

这样说法,从反面解释了"纯粹性"——不杂.而(b′)可改写为:

(b″) 如果一个点不在图形 G 上,那么它没有特性××.

同样地,(b″)从反面解释了"完备性"——不漏.

一个轨迹语句,就这样可以改成多种说法.如(1),可以说成:

(4) 一个点在联结两定点的线段的垂直平分线上,当且仅当这个点到两定点的距离相等.

分两句可以说成:

(5) 如果一个点在联结两定点的线段的垂直平分线上,那么这个点到两定点的距离相等(纯粹性).

(6) 如果一个点到两定点的距离相等,那么这个点在联结这两定点的线段的垂直平分线上(完备性).

从反面理解,又可改写为:

(5′) 如果一个点到两定点的距离不相等,那么这个点不在联结两定点的线段的垂直平分线上(纯粹性).

(6′) 如果一个点不在联结两定点的线段的垂直平分线上,那么这个点到两定点距离不相等(完备性).

掌握关于轨迹的语句变化规律,对于理解轨迹题的意义是很有帮助的. 如下例:

求到两定点的张角等于直角的点的轨迹.

首先,轨迹语句中关键的东西有两点:一是特性,二是图形(G). 我们要分辨特性和图形这两样关键性的事物. 本题要求轨迹,轨迹是个图形,当然作为关键之一的图形(G)事先不知道,而且正是要我们求的. 至于特性,句式"××的点的轨迹"中的××就是特性,所以,本题的特性是**到两定点的张角等于直角**.

其次是求轨迹(图形G),这个过程这里不予赘述.

有人求出轨迹是"以联结两点的线段为直径的圆". 这样一来,就得出了如下一个结论:

(7) 到两定点的张角等于直角的点的轨迹是以联结这两点的线段为直径的圆.

这个结论对不对呢? 我们对(7)运用语句变形,它可以分说成:

(8) 在以联结两定点的线段为直径的圆上的点到这两定点的张角等于直角(纯粹性).

(9) 到两定点的张角等于直角的点在以联结这两定点的线段为直径的圆上(完备性).

(8)是不是对呢? 不对,如图1中,圆O上除A、B两点外,其余的点对A、B的张角都为直角,但点A对A、B的张角不存在,同样,点B对A、B的张角也不存在. 可见,并不是"图形G"上所有的点都有"特性××",不满足纯粹性(有"杂点"). 所以,这个圆不是所求的轨迹(图1).

再如,对下例

求到两相交直线距离相等的点的轨迹,

有人求出结果为

(10) 到两交于点O的直线AB、CD的距离相等的点的轨迹是$\angle BOC$的角平分线所在的直线EF.(图2)

这个结果是否正确呢? 且将(10)分说为:

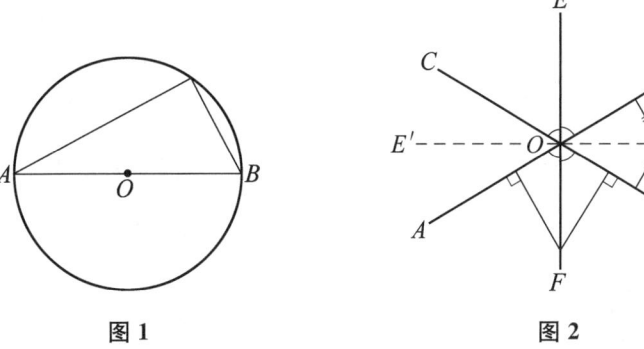

图1　　　　　　　　　图2

(11) 在 EF 上的点到 AB、CD 的距离相等(纯粹性).

(12) 到 AB、CD 等距离的点都在 EF 上(完备性).

事实上,(12)不满足,"到 AB、CD 等距离的点"并不都在 EF 上,如 $\angle AOC$ 的平分线所在的直线 $E'F'$ 上的点也到 AB、CD 等距离,但不在 EF 上. 所以不完备.

为了将"不完备"这一点说得更清楚,将(12)改为

(12′) 不在 EF 上的点到 AB、CD 不等距离.

事实上,点 P 不在 EF 上(在 $E'F'$ 上),但点 P 到 AB、CD 等距离. 可见,EF 没有把具有特性(到 AB、CD 等距离)的点都囊括在内,"漏"了点 P 这样的点.

由于 EF 不满足完备性,所以它不是"到 AB、CD 等距离的点的轨迹"(图2).

练习

把下列轨迹分说成两句:

(1) 到直线 l 距离等于 d 的点的轨迹是与 l 距离等于 d 的两条平行线;

(2) 到角的两边等距离的点的轨迹是这个角的平分线.

教学研究篇
JIAO XUE YAN JIU PIAN

在本书前言中说到，本书初版重在"硬件"：词、句的研究，修订版增加了"软件"，即数学化语言的理性思考和教学研究.

本篇中对数学化语言的重点内容（我们列出了应用题、几何、排列组合三部分）的教学进行了研究，或许对一线教师有一定的启发.

本篇中还试图对数学化语言现象进行梳理，并提出教学安排的建议，供教师参考.

本篇中我们还约请语文教师谈了看法.

一、数学课里语言现象的梳理和安排

概述篇里,提到了数学化语言的两大矛盾.其中一个矛盾是:应该运用正确的数学化语言和学生的可接受性的矛盾.因此,对数学课里的语言现象,有必要进行一些梳理,并根据学生的年龄特点,对这些语言现象的教学做一些安排.

一、语言要求的梳理

语文里有所谓的字、词、句、篇四个层次的要求,而数学课里的语言现象,大致涉及词、短语、句、段落四种.

1. 词

有两大类,第一类是数学专用词,其意义都有专门的定义.除此之外经常用到的词是第二类的,往往没有专门的规定.第二类的大致有以下 6 种:

(1) 涉及对象和量的

反映指定对象的:**这(个)、那(个)、另一个、其余、其他、个别**.

反映对象数量的:

(全称量词):**每一个、任一个、每两个、所有的、全(都)、全部(都)、无论……都……、任何、任意、无数多个**.

(特称量词,又称存在量词):**有、存在、有一个、存在一个、至少有一个、有些**.

(至多量词):**只有、只有一个、至多只有一个**.

(恰有量词):**有且只有、恰好一个、可以(画一条)……且只能(画一条)、唯一**.

(其他):**每两(点)、两两**.

其中全称量词、特称量词、至多量词、恰有量词与逻辑有关,是逻辑量词.

(2) 涉及变化过程、方向、时间的

反映变化过程的:**增加、减少、增加到、增加了、扩大、缩小、超过、提前**.

反映时间的:**第……(年)、……(年)后、介于、逐(年)、时、小时**.

反映方向的:**同向、相向、背向、反向(延长)……**.

(3) 涉及对象间关系的(不包括平行、相等等数学名称)

并列关系：与、且、既……又……、和.

选择关系：或、或者……或者……、要么……要么……、可能……可能……、也许……也许……、可以……也可以…….

递进关系：不仅……而且…….

转折关系：虽然……但是…….

相互关系：互(互素、互补)、互为、相(相等、相邻、相交、相切)、对(如所对的角)、等(如等边对等角)、对应、相应、邻(角).

其中,并列关系、选择关系与逻辑有关,是逻辑连接词.

(4) 涉及肯定和否定的

肯定：**一定、必定、必**.

否定：**不、非(负)、并非、都不、不都、既不……也不……**.

肯定和否定都与逻辑有关.

(5) 涉及因果、假设关系的

说明 $P \Rightarrow Q$ 的,如

顺叙的：**因为 P 所以 Q,如果 P 那么 Q,若 P 则 Q,当 P 时有 Q 成立,只要 P 就有 Q.**

逆叙的：**要 Q 成立只要(只需)P(常用于解题分析)、只有 Q 才有(才能)P.**

说明 $P \Leftrightarrow Q$ 的：**当且仅当**.

这些都与逻辑有关.

(6) 其他数学常用词(指没有专门定义的)

约去、抵消、分成、平均分成、所围成的、占(1/3)、一般、同(如同角的补角,两边乘以同一个正数)、共(线)、公共(边)、定(值)、确定、唯一确定、可以、可能……、不妨……、所(夹、对)、连续(三个偶数)、越来越……、越……越……、分别……、各自.

2. 短语

主要有三种：

(1) 经过修饰和限制形成的名词性短语,如

经过点 A 的切线……

(2) 涉序短语,如

两数和的平方;两数平方的和.

(3) 介词结构,特别在几何作法中使用得尤其多,如

几何方面的：**取(点 A)、延长……到……、联结……、顺次联结……、过……、作……、交于……、使……在……上(内、外、上方)、沿着……、绕……、以……为(圆心)、交……于……、与……交于……**.

代数方面的：**比……大……、除……外**.

3. 句

主要有三个要求：

(1) 理解定理法则语句("叫做"句,"是"字句,"如果……那么……"句等).

(2) 制造否定句.

(3) 制造命题四种形式.

4. 段落

先会写一个证明节,然后学会准确表达证明过程(本文暂不详细讨论).

这个分类未必完全合理,我们是抛砖引玉,提供给大家讨论. 我们希望以上的词、短语和句子能够在教材中得到体现,各位数学教师予以重视.

二、词和短语的安排

数学中经常使用的词语,在初中阶段基本上都会陆续出现,如果能够有计划地作出安排,对数学教学肯定是有利的.

笔者建议,对初中各年段的词和短语的大致要求可作如下的安排:

年级	词		短 句	
	例	要 求	例	要 求
六年级	1. 整除、除尽	理 解	1. 比……大……	理 解
	2. 比、比例	理 解	2. 除……外	理 解
	3. 非负、非正	理 解	3. ……是……的几分之几	理 解
	4. 互(素、余、补)、互为相(交、反、等、加)	基本理解	4. ……比……多几分之几	理 解
	5. 扩大了、扩大到、增大了、增大到等	理 解	5. 从……年到……年	理 解
	6. 约去、抵消	理 解	6. 延长……到……	理 解
	7. 第几年、几年后、逐年	理 解	7. 沿着……	理 解
	8. 分成、平均分成	理 解	8. 绕……、以……为(圆心)	基本理解
	9. 相向、同向、背向	理 解	9. 简单的名词性短语	理 解
	10. 重合、叠合	理 解		
	11. 延长、反向延长	理 解		
	12. 顺次联结、顺次截取、倒回截取	理 解		
	13. 至少、至多	初步出现		

续 表

年级	词		短 句	
	例	要 求	例	要 求
七年级	1. 对应、一一对应、对称	基本理解	1. 平方的和、和的平方等涉序短语	理 解
	2. 分别	理 解	2. 既……又……	理 解
	3. 联结	理 解	3. 可能……也可能……	理 解
	4. 所对、所夹	理 解	4. 要么……要么……	理 解
	5. 沿着	理 解	5. 随着……而……	理 解
	6. 两两、两两相交	理 解	6. 如果……那么……	理 解
	7. 每一个、任(意)一个、某一个、所有的	初步出现	7. 顺着……方向	理 解
	8. 有、有一个、有些	初步出现	8. 取(点A)	理 解
	9. 至多、至少	理 解	9. 过……	理 解
	10. 能	理 解	10. 作……、交于……	基本理解
	11. 只有、只能	理 解	11. 使……在……上(内、外、上方)	基本理解
	12. 有而且只有、能且只能	初步出现	12. 交……于……	基本理解
	13. 是、都是	初步出现	13. 与……交于……	基本理解
	14. 确定、唯一确定	初步出现	14. 多重修饰和多项修饰的名词性短语	理 解
八年级	1. 一个、这个、另一个	理 解	1. 不妨设……	理 解
	2. 上、上方、下方	理 解	2. 若……则……	基本理解
	3. 各自	理 解	3. 无论(不论、不管)……都……	初步出现
	4. 围成	理 解	4. 或者……或者……	基本理解
	5. 无数个	理 解	5. 也许……也许……	基本理解
	6. 其他、其余	理 解	6. 不仅……而且……	基本理解
	7. 介于	理 解	7. 虽然……但是……	初步出现

续 表

年级	词		短 句	
	例	要 求	例	要 求
八年级	8. 且	理 解	8. 既不……也不……	初步出现
	9. 或	初步理解	9. 要……只要……	初步出现
	10. 和	慎 用	10. 要……必须……	在初中阶段不要出现
	11. 每一个、任(意)一个、某一个、所有的	理 解	11. 要……只需……	在初中阶段不要出现
	12. 有、有一个、有些	进一步理解	12. 复杂的名词性短语	理 解
	13. 只有、只能	进一步理解		
	14. 有且只有、能且只能	进一步理解		
	15. 是、都是	理 解		
	16. 确定、唯一确定	理 解		
	17. 并非	初步出现		
	18. 不、如不	理 解		
	19. 都不	理 解		
	20. 不都	初步出现		
九年级	1. 最少(小)、最多(大)	理 解	1. 越……越……	理 解
	2. 公共(弦)	理 解	2. 可能……也可能……	理 解
	3. 相应	理 解	3. 无论(不论、不管)……、总是常数(定值)	初步出现
	4. 一般、个别、特别	理 解		
	5. (圆)内、外、上	理 解		
	6. 或	理 解		
	7. 每一个、任(意)一个、某一个、所有的	理 解		
	8. 有、有一个、有些	进一步理解		

续表

年级	词		短句	
	例	要求	例	要求
九年级	9. 存在	理解		
	10. 只有、只能	理解		
	11. 恰好	理解		
	12. 有且只有,能且只能	理解		
	13. 一定、总、必、必定	理解		
	14. 一定不、不一定	进一步理解		
	15. 并非	理解		
	16. 不都	进一步理解		
	17. 共(线)、定(点、值)	初步出现		

至于高中阶段,主要是巩固这些初中已经出现的词语,下列几点应该特别关注:

1. 逻辑量词的重叠使用,如"存在……对任意的……都……"、"对每一个……都有一个……使……"等.

2. 否定词和逻辑量词的连用,或者是对带量词的语句反面思考.如"并非'A、B都选入'".这种场合常常遇到"不都"和"都不"这样的词语.

3. 否定词和逻辑连接词的连用,或者是对带逻辑连接词的语句的反面思考.如"A或者B要选入"的反面.

4. 至少、至多、恰好等量词,以及它们和否定词连用.

5. 当且仅当、充分、必要.

三、句的安排

在中学阶段,学生会遇到比语文课里结构复杂得多的语句,总体上说,初中阶段陆续接触,并逐步掌握,到高中阶段进行巩固.

首先是理解"叫做"句和"是"字句的结构和区别.这个应该在七年级达到要求.其中"叫做"句用于定义,前后项是等价的;"是"字句用于阐述性质的句子,前后项不一定可交换.

第二,定义句中的逻辑序,这项要求应该在八年级达到.如圆的定义

"到定点的距离等于定长的点的集合叫做圆,这个定点叫做圆心,定长叫做

半径",

不能说成

"到圆心的距离等于半径的点的集合叫做圆".

第三,长句的分析,应该从六年级开始,开始阶段,应该将长句改为几个短句.大致应该在八年级学会直接理解长句.

第四,了解"把"字句和"被"字句,应该在八年级左右开始.要求不必过高.

第五,命题的否定.七年级应开始渗透,主要是单称命题的否定.八年级后要陆续理解全称命题和特称命题的否定,以及命题的四种形式.在学习命题的四种形式时,要注意逻辑序,即代词"这"的正确运用.这项工作到高中学习排列组合时应该完成.

第六,七、八年级的时候要会正确写出辅助线的作法.

第七,到高中,特别是学习解析几何时,应该学会轨迹语言.

二、应用题教学中的语言[①]

作为人类独立获取新知的主要手段之一——阅读,在数学教学中一定要引起足够的重视.而作为应用题教学,正是基于重视学科阅读,培养学生具有以阅读能力为核心的综合应用各种数学知识解决问题的能力.

语言和思维是紧密联系的.心理学的观点是:"思维是以词语为中介的人脑对客观现实的反映."学习应用题重要的是生成正确的数学语感,发掘出题意的数学内涵.

一、提高阅读有效性,确立段落中心

应用题教学中的"读"与阅读语文的文章不一样.语文强调通过反复阅读,读出感情和意境来,数学的读则要读出语言文字的逻辑性和科学性来.更关注其有效性,而逐步弱化实际背景,最终确立以等量关系为主体的段落中心.

我们经常看到有些学生遇到一个实际应用问题而束手无策,当把这个问题化成数学模型,用数学语言加以表述之后,他马上就会解了,这其中一个关键的问题是如何化实际问题为数学模型,即如何找出应用题中所蕴涵的变量间的等量关系,并用等式来表达.

化实际问题为数学模型,没有通则可循,主要是具体问题具体分析,善于从问题中去发现数量之间、数形之间的关系,从中找到规律,灵活运用数学知识加以解决.作为应用题解答,加强阅读有效性,要以寻求内在等量关系为主体.找出哪些是已知量,哪些是未知量,哪些是直接未知量,哪些是间接未知量,用数学语言把这些数量关系表示出来.

1. 基于普通语言直接表述的等量关系.

要善于在普通语言中寻找带有数量关系的特殊字词,例如"是"、"比"、"多"、"少"、"提前"、"同时"等,并应用数学知识,阅读理解将这些字词结合其余内容,组合成含"="的表达式.如

[①] 本文作者:姚磊

"甲比乙早到 1 小时"

可表示为

"甲时＝乙时－1";

"甲的价格的一半比乙的 2 倍还多 3 元"

可表述为

"甲/2＝2 乙＋3";

"甲比乙晚出发 2 小时,却和乙同时到达"

可表示为

"乙时＝甲时＋2"

等.

例 1 甲、乙两地相距 60 千米,某人骑车从甲地到乙地,在回来的路上用原来的速度走了 1 小时,因故停车 20 分钟,以后他将时速增加 4 千米,这样来回所用时间恰好相同. 求他原来的速度.

该题事件较多,仔细阅读后,可以看出其题意中心为末句"时间恰好相同",因此将它转化为等量关系"去的时间＝回来的时间". 设去的时间为 t,而回来的时间又分 3 个时间段可分别记做 t_1、t_2、t_3. 所以本题列式为 $t = t_1 + t_2 + t_3$.

根据公式(时间＝路程/速度)和题目其余相关条件,设原来速度为 x. 列出方程

$$60/x = 1 + 1/3 + (60 - x)/(x + 4),$$

然后求解. 解得

$$x = 20(千米 / 时).$$

例 2 某厂计划在一定天数内生产机器 360 台,实际比计划每天多生产 12 台,因此比计划提前 8 天完成任务. 求实际每天生产多少台机器.

本题中心句为"提前 8 天",转化一下,即

$$现在用时＝原来用时－8.$$

根据

$$时间＝工作量/工作效率,$$

设实际每天生产 x 台机器. 可列出方程

$$360/(x - 12) - 360/x = 8.$$

解得

$$x = 30(台).$$

同样本题也可以由语句

"实际比计划每天多生产 12 台"

来思考列式.

2. 基于普通公式所涵盖的函数与等式.

要理解题目内涵,如面积、体积问题;最值问题;利润问题;行程问题等,以及涉及物理、化学问题,都有其特殊的公式.通过正确应用,就是一个或一组数学模型.

例3 已知 l_1 是南北向公路,l_2 是东西向公路.两条公路的交汇点为路口 A. 现有甲同学在离路口正北 6 千米的公路 l_1 上,并以每小时 3 千米的速度向南步行;乙同学在离路口正东 16 千米的公路 l_2 上,并以每小时 4 千米的速度向西步行.则多久后两人相距 5 千米?

本题运动方向并非如普通行程问题中的在同一直线上,一些同学常急于讨论甲、乙在路口的不同位置.其实认真阅读后,可确定中心句为"两人相距 5 千米",然后分析其语句内涵,这其实为两点间距离,是有对应公式的.

因此我们可以先根据条件设立坐标,以 l_1 和 l_2 分别代表坐标轴,路口 A 为原点.甲起始位置为 $(0,6)$,乙起始位置为 $(16,0)$,t 小时后甲坐标为 $(0,6-3t)$,乙坐标为 $(16-4t,0)$.

根据公式

$$d = \sqrt{(x_1-x_2)^2 + (y_1-y_2)^2},$$

将坐标值代入即可计算出

$$t = 3(时) \text{ 和 } t = 89/25(时)$$

后两人相距 5 千米.

例4 现利用 20 米长的墙面和 20 米长的围栏材料来围一个矩形场地.问如何围可使面积最大.

本题易于阅读,其数学内涵是面积最大问题.等量关系为 $S=长\times宽$.由题意设长为 x,宽为 $\dfrac{20-x}{2}$.

$$S = x \cdot \left(\frac{20-x}{2}\right) = -\frac{1}{2}(x-10)^2 + 50.$$

根据二次函数性质,可得长为 10 米,宽为 5 米时,场地面积最大为 50 平方米.

3. 基于客观实际所隐藏的等量关系.

要善于体会题目所涵盖的实际意义,寻找出实际问题中的相等关系.如相遇问题中的运动时间,锻造中的物体体积,几何中的固定点或线段、相等角等.

例5 为测定一个矿井的深度,将一块石头从井口放下去,4 秒后听到它落到井底的声音(已知音速为 330 米/秒).石头从井口落下的距离 s 与时间 t 的函数关系式是 $s = \dfrac{1}{2}gt^2$ (g 取 9.8 米/秒^2),求矿井深度.

本题可根据中心句

"4 秒后听到声音",

转化为等式

"4 秒＝石头下落时间＋声音上传时间".

但列式及运算都较复杂. 因此,通过阅读,可以分析出本题隐含等量关系:

石头从井口落到井底的距离＝声音从井底传到井口的传播距离.

所以我们若设石头下落时间为 t 秒,则声音上传时间为 $4-t$. 根据题意得

$$\frac{1}{2} \cdot 9.8t^2 = 330(4-t).$$

解得 $t \approx 3.786$. 因此矿井深 $330 \times (4-3.786) \approx 71$(米).

例 6 有一三角形花坛,三边分别长 13 米、14 米、15 米,求其面积.

显然本题的关键是要求出一边上的高,观察图形后可得高 AH 分别是直角三角形 ABH 和直角三角形 ACH 的公共直角边,因此由勾股定理得

$$AH^2 = AB^2 - BH^2 = AC^2 - CH^2.$$

设 $BH=x$,则 $15^2-x^2=13^2-(14-x)^2$.

解得 $x=9$, $AH=12$,三角形面积为 84 平方米.

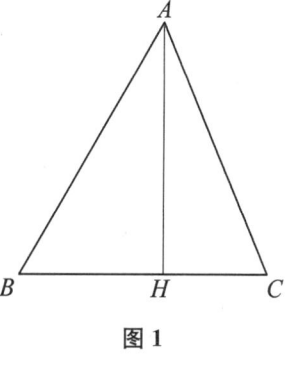

图 1

通过加强阅读理解、训练,我们可以掌握一些基本类型的数学应用题. 如行程问题、工程问题、利润问题、最值问题、几何问题、三角问题以及其他方面的典型应用题,逐步了解其表述形式和中心语句的特征,以便拥有更好的数学阅读的语感. 提高将普通语言转化为数学语言的能力,增强建立数学模型的能力.

二、培养阅读层次感,关注句式结构

阅读应用题的核心内容是如何将实际内容以数学模型形式展现,但在转化普通语言为数学语言、等量关系的同时,也面临着如何将众多有效信息排列组合的新问题. 语文阅读要求读出文章层次结构,轻重缓急. 作为应用题阅读,则更需要关注内容的逻辑性,了解题目所表达的意义的结构层次,着力将多个数量之间的关系语句,正确地改变成表示数量关系的数学句式. 从而,从句式中确定运算方法,求得解题思路,进而合理列式,方便解答.

一般而言,应用题内容都涉及某一实际事件或事物的发展变化,故而在其语言表述中常能出现一些特殊结构形式.

1. 形如"因为……所以……"因果关系的句式.

仔细阅读应用题,在其语句间分析前因后果. 从某一要点出发,作为解题的主要线索,通过逐步追踪推理,层层递进,并沟通条件和问题之间的联系. 进而达到理

清思路,解决问题的目的.

例7 几名同学计划用 120 元包租一辆面包车去旅游,出发时又有两名同学加入进来,结果每人少分担 3 元. 求现在出游的人数.

一般我们对此类因果关系很明确的题目,常将结果用等量关系来表达. 即

现在人均分担费用＝原来人均分担费用－3 元.

然后再结合条件

现有人数＝原人数＋2,总费用 120 元不变,

列式

120/(原人数＋2)＝120/原人数－3.

易得原人数 8 人,现为 10 人.

例8 某单位用 14400 元建造职工宿舍,由于改进了设计,每间房的造价降低 200 元,这样不但多造了 2 间,还节约了 400 元. 求原计划建造多少间宿舍,每间宿舍造价多少元.

本题语言表达的最终结论为

"节约 400 元",

对应等量关系为

现造价＝原造价－400＝14000 元.

同时因为

总价＝单价×数量,则

现单价＝原单价－200,

现数量＝原数量＋2.

综合上述语句,可设计划建造 x 间宿舍,现在建造了 $x+2$ 间.
由题意得

$$\left(\frac{14400}{x}-200\right)(x+2)=14000.$$

解得

$$x=12.$$

所以计划造 12 间宿舍,每间造价 1200 元.

因果关系是一般简单应用题中最常见的句式结构. 我们通常以主体结果为切入点,转化为等量关系式,然后再逐步将各个条件句以式的形式代入.

2. 形如"如果……那么……"条件关系的句式.

对于相对复杂的多重关系. 我们可以根据句式特点,将题中"两两相依"的特定

数量关系分为若干层来思考解答,把普通语言转化出多个等量关系以达到最终解决问题的目的.

例 9 一艘船沿河顺流从甲港到乙港要 **6** 小时,逆流从乙港到甲港要 **8** 小时. 假设船速、水速不变,求一木筏从甲地漂流到乙地要多少时间.

本题两个条件句相对独立,是较为明显的并列结构.因此我们可以同时转化出两个等量关系:

1. 路程/(船速+水速)=6(时).
2. 路程/(船速-水速)=8(时).

而本题所求木筏漂流时间=路程/水速.

通过转化为方程组可以较为容易地得到漂流时间是 48 小时.

例 10 某公司改制成股份公司,原来准备每个人平均入股,正式统计时有 **10** 人表示不参加,因此,其余每人要多分担 **1** 万元. 到实际付款时,又有 **15** 人决定退出,这样最后余下的人每人要再增加投资 **2** 万元. 问该公司原有多少人准备入股.

阅读本题可以发现,其实共有三次统计,而隐含条件则是总股本未变.

设原有 x 人准备入股,每人投资 y 万元.

由题意得 $\begin{cases} xy=(x-10)(y+1), \\ xy=(x-25)(y+3). \end{cases}$

解得 $x=100(人), y=9(万元)$.

应用题语言表达或繁或简,但可以通过认真阅读来体会其层次感,分析条件,明确主从关系. 从句式结构入手,找出列等量关系的一些规律来.

三、加强阅读精确度,重视字词细节

数学应用题是数学知识与生活实际有机连接的纽带和桥梁,是学生运用数学知识解决生活问题的初步实践,因此在培养学生数学应用能力的同时,也要着力培养学生对实际问题的感悟能力和客观判断力. 同时也应通过应用题教学,使学生养成良好的阅读习惯,认真细致地分析每一个条件,正确理解其含义,不忽视细节.

1. 要注意一些数学名词的特定含义和条件要求.

如长度、面积、体积值为正;三角形则应注意结论中要保持其三边长为正数且两边和大于第三边;梯形要保证一组对边平行且不相等;锐角的正弦值在 0 到 1 之间等.

例 11 已知 **3** 个连续自然数,前两个数的平方和等于第三个数的平方. 求这 3 个自然数.

解得一组解是 3、4、5. 而另一组解-1、0、1 因不符合自然数条件而舍去.

例 12 已知梯形的四条边长分别为 **1**、**2**、**3**、**4**,求梯形的中位线长.

本题在考虑四边长的不同搭配时也要关注是否可以构成一个梯形.

实际是只有当上下底为1、4,腰长为2、3时才可以构成梯形.所以梯形中位线只能是2.5.

2. 要注意因实际问题而产生的情况变化.

如涉及人员和一些具体事物的整数问题,行程问题中一方到达后应停止运动,概率统计中的一些近似和估计问题等.

例13 某商场销售一批衬衫,平均每天可以售出20件,每件赢利40元.为了扩大销售,增加赢利,尽快减少库存,商场决定采取适当的降价措施.经过调查发现,如果每件衬衫降价1元,则平均每天可以多售出2件.若商场平均每天要盈利1200元,则每件衬衫应降价多少元?

本题以盈利1200元为入手,设每件降价x元.由题意得

$$1200 = (20+2x)(40-x).$$

解得

$$x_1 = 10, x_2 = 20.$$

初看好象都可以,但题目有扩大销售,尽快减少库存的文字说明,故只取$x=20$.

3. 要注意一些容易混淆和疏忽的字词.

如"降低了36%"和"降低到36%";"3个月的产量"和"第三个月的产量";"每3天"和"每隔3天";"在x轴上"和"在x轴上方"等.

例14 将"最多3天"和"至少3天","少于3天"转化为数学语言.

将它们转化为数学语言就分别为:天数≤3;天数≥3;天数<3.

所谓细节决定成败,于细微处更要关注应用题的用词、用句.养成认真用心阅读的习惯,不仅要重视数学方法的掌握,同时要培养认真细致,扎实严谨的科学作风.

数学理论具有准确性、严密性、逻辑性和抽象性的品格,这种属性只能从表面上掩盖数学起源于外部世界的事实,而不应该成为应用数学理论解决实际问题的障碍.

因此,化实际问题为数学模型,一方面要深入分析实际问题中的空间形式和各种数量关系,同时也要善于将这些隐藏于普通语言里的空间形式和数量关系用数学语言表示出来.中学应用题训练正是基于这一学科要求,在学习数学理论的过程中,以桥梁纽带作用使广大学生体会和寻求这些数学理论对解决实际问题的指导作用,努力把它应用于现实世界,以解决人们迫切需要解决的实际问题.

三、平面几何教学中的语言[①]

掌握几何学习中的语言是正确认识图形性质,顺利进行逻辑推理的必要条件.对初中学生来说,熟练掌握几何中的语言有一定困难.学生在语言表达上的困难,往往超过一般教师的估计.如用三个大写字母表示一个角时,常常不会把顶点字母放在中间,用顶点字母表示一个角时又往往表示了其中一个分角;作直线 AB 的平行线时不说过直线 AB 外的什么点,作圆和弧时也不说以什么为圆心,以什么为半径等.对此,我们在教学过程中应先让学生充分理解几何中语言的特点和用法.

一、几何教学中语言的特点及其在几何学习中的重要性

1. 几何中语言的特点

几何中的语言和日常生活语言不尽相同,甚至和数学的其他分支的语言也不尽相同.几何中的语言,和整个数学一样,具有抽象性强、概念性强、严谨性强、逻辑性强等特点,另外,几何中的语言,笔者以为至少有以下四个特点:

第一,表述定义定理的句子非常简练,一个名词的前面常常有好多限制词做定语,甚至用一个句子做定语副句.

第二,几何语句中大量运用带文言文色彩的介词结构,如"过×点","取×为圆心、以××为半径".

第三,几何中还有一些特有的词.譬如"确定"这个词,对此学生一下子就不习惯,不理解.

"两点确定一条直线"

指的是

"过两点有一条直线,而且只有一条直线".

第四,几何中的语言常常和符号、图形配合使用.而初中生,对定语性词组,定语副句,对文言文色彩的介词结构都不熟悉.常有学生感到"意思懂,但不知如何表达,如何落笔".另外初中初学几何的学生,由于刚接触图形,对自然语言和符号、图

[①] 本文作者:吕湘霞

形间的互相转换也不习惯.所以很多学生感到学几何的难关之一是难以掌握它所使用的语言.

2. 学好几何中语言的重要性

(1) 有助于理解几何概念

错误地理解或使用几何中的语言都会造成概念的模糊和思维的混乱.比如"有公共端点的两条射线叫做角"这个说法是错误的.因为角虽然是由公共端点的两条射线所形成,但角并不就是这两条射线组成的图形,在这个图形中不仅包括边和顶点,还有角的内部.又比如"平角是一条直线"也是错误的.因为一条直线和平角不是相同的概念,角必须有顶点,有从顶点出发的两条边.当这两条边互为反方向时才成平角.平角和直线只有位置上的相同,但不是同一图形.产生以上错误的最主要的原因是把一些表面相似,但不属于同一范畴的概念混为一谈.

(2) 只有准确理解几何中的语言,才能按文字要求画出相应的几何图形

弄懂了几何中的特定语言,才有可能按文字要求画出相应的图形并会使用符号表示.相反,当图形已知时,要能用几何中的文字语言、符号语言表达图形的形状、大小和位置关系,这是学几何应具备的双重能力.如：任意画一个三角形 ABC（用符号表示为$\triangle ABC$）,这就表示$\triangle ABC$ 的形状、大小和位置都是任意的(它包括一切三角形).我们就不宜把它画成特殊的形状,如等腰三角形、等边三角形或直角三角形等.在论证时,也只能应用任意三角形的性质,而不能将特殊三角形的性质在论证或解题时作为已知条件而应用进去.这说明按文字要求画出相应几何图形时,对几何语言要准确理解才能画出正确的图形.

(3) 对学会推理论证有着重要的作用

要求学生能用规范的几何语言写下证明过程前,有一个前期的工作要做,那就是要教会学生能用自己的语言表达推理的过程,且思路清晰,有理有据.

二、初中学生学习几何时,在语言上存在的问题

1. 学生对几何中的文字语言不能准确理解

(1) 主要体现在常用的几何术语、表示图形位置或大小关系的词语、表示作图动作的语言等.

常用的几何术语：如"每两点"、"两两(相交)"、"任意(取)画"、"任何一个"、"分别"、"有且只有"等,学生常常不能正确理解这些术语.又如"任意画一条直线垂直于已知直线"这句话中,"任意画"并不完全是"任意取"的意思.对此,学生有时分不清楚.

表示图形位置或大小关系的词语：如"相邻"、"互相"、"互为"、"等角"、"等边"等,学生则常常分不清这些词语表述几个图形或几个量.如他们分不清"互为余角"表示的是两个角(不是一个角,也不是多于两个角)的关系.

表示画图、制图动作的语言：如"联结"、"延长"、"反向延长"、"过点×作直线××,使它平行(垂直)于直线××"等,学生难以根据这类文字语言做出正确的画图动作;把画图过程表述为文字语言时,又往往不会使用规范的语句.

(2) 学生分不清几何语句的成分和逻辑顺序,因而不能抓住句子的主要成分去理解句子所表述的意思.

如"求证：等腰三角形两个底角的平分线的交点到两腰的距离相等".学生如不能抓住"距离相等"来分析这个句子,读句以后便无法理解题意,当然也就谈不上根据题意正确画图,分清"已知"、"求证"并加以证明了.学生表述思维推理过程很不适应.主要是摆不足条件,不会正确使用括号;对省去"如果"、"那么"关联词的命题学生分不清条件和结论;对定义、定理的逆向应用能力较差,逆向思维不适应.

2. 缺乏几何学习中文字语言与结合图形的符号语言互译能力

（1）不能把概念定义的文字语言翻译为结合图形的符号语言；

（2）不能根据老师口述的语句画出图形,即学生无法正确联系文字语言与作图语言,根据文字语言的叙述,有时画出的图形缺乏一般性,常用特殊图形或特殊位置关系掩盖了命题的一般性质.

（3）不能把图形所示的性质概括成为文字语言,即反映出学生的识图能力较差.图形语言不过关,不能从图形的直观反映中发现其内在联系.

三、教师在教学中存在的不足之处

1. 教师本身对几何中的文字语言理解不到位.

2. 在讲解的过程中,语言不够精确,对于一些较为抽象的文字语言,点拨关键字不到位.

3. 有时采用的教学方法不能帮助学生很好地理解,如背定义、默写定理等.

四、关于加强几何语言教学的思考

1. 重视阅读课本,对几何中的语言需要咬文嚼字地学

针对这一要求,学生恰恰很难做到.因为学生原来的学习习惯和学习方法是很不重视阅读数学课本的,咬文嚼字地阅读数学课本更是不耐烦,但是对于几何语言的学习来说这一条尤其重要,它能帮助学生领会几何中语言的特点,从中理解和掌握几何的定义、定理、公理,学会应用几何语言去叙述几何定义、定理、公理,从而提高几何语言的应用能力.比如：

"联结两点的线段的长度叫这两点间的距离."

要注意"线段"和"长度",因联结两点的线有任意的曲线与折线,但这里只能是线段,不能是其他的线;而且这里讲的是线段的长度,这就说明两点间的距离是一个数量.如果是联结两点的线段,那么它是一种图形,两者是不一样的.虽然"线段长度"只有四个字,却很重要,不能缺少.在讲解的过程中,我们可以从"字"到"词"再到"句",要求逐步提高.

2. 教师讲课语言要严谨,板书要有条理,符号书写要规范

教师使用的语言要与课本上表述的语言相一致,做到语言规范化.因为教师的口语与板书无时不在影响着学生,所以教师语言的示范作用不能忽视.教师不要把学生尚未学过的字词句带到教学中来,以免产生不必要的教学困难.如在讲了两条直线垂直后提出问题:

"OD 是 $\angle AOC$ 的平分线,OE 是 $\angle COB$ 的平分线,问:OE 与 OD 存在什么样的位置关系?"

由于尚未研究两条射线的"位置关系",学生会由于不懂"位置关系"这一词语而造成解题困难,这样的困难完全是由于教师的语言疏忽而产生的.

3. 在讲解的过程中,可以先用比较通俗的语言作铺垫,再引导出规范化的几何文字语言

教师语言的规范化,并不排斥教师在不失科学性的前提下采用较为通俗、浅显的直观语言对学生进行启发、引导,进行较为抽象的几何对象的教学.即在教学中教师可以先用比较通俗的语言作铺垫,再引导出规范化的几何语言.如给出

"过 A、B、C 三点(不在同一条直线上)中任两点画直线,可以画几条直线?"

有部分学生回答"可以画一条直线",理由是:"任两点"仍然是"两点",经过两点只能画一条直线.所以,尽管他们画出了三条直线,但只"敢"回答"可以画一条直线".这显然是对过"任两点"画直线,"可以画"几条就是"一共可以画"几条的意思不理解.故在教学中可以把问句改为

"……一共可以画几条直线?"

这样的语言较通俗,学生答题时就不易发生错误.同时,再向学生指明,问句中"一共"两字是可以省略的,从而学生理解这种较为规范化的语言.

4. 突出图的作用——加强文字语言与结合图形的符号语言的互译能力的训练

符号语言是研究几何问题的重要工具.符号语言不仅能把几何文字语言的含义直观地反映出来,且能把文字语言和图形间的关系简洁地描述出来.因此,强化文字语言——符号语言——图形语言三者的互译是培养学生掌握几何语言的重要手段.教学时,不仅要求把概念符号化,而且要能正确画出它所对应的几何图形.如文字语言

"点 B 把线段 AC 分为两条相等的线段,点 B 叫做线段 AC 的中点";

画出图形(如图1);符号语言表示有:

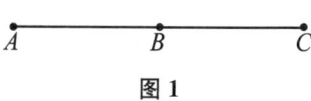

图1

$$AB = BC, AB = \frac{1}{2}AC, AC = 2BC.$$

反之,一个几何图形,能正确用符号表示它所反映的几何意义,且能用语言准确表述出来.

如几何图形图2的符号表示是:

在△ABC中,∠C＝90°,CD⊥AB,垂足是D;

文字表述是:

在直角三角形ABC中,CD是斜边AB上的高.

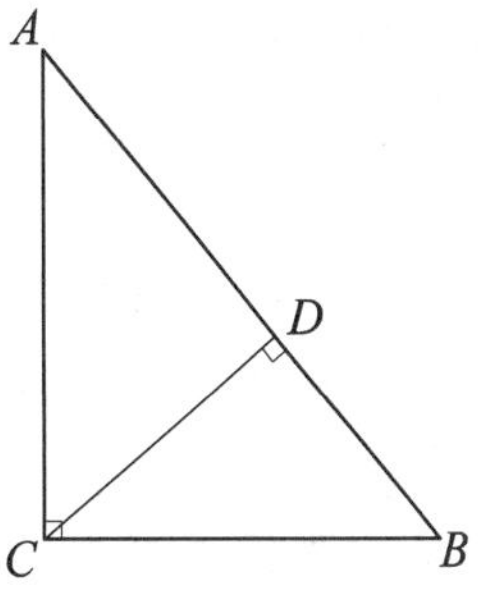

图 2

5. 突出练的作用——课堂上要有讲有练

加强学生几何语言的训练,努力提高学生的说理能力.课堂教学要形式多样,有讲有练,给学生较多的语言训练机会.如要求学生复述定义、定理的意义;教师给出图形,要求学生"看图说话"讲述意义;或者是教师口述作图的过程,让学生根据听写画出图形;再或者教师写出各步论证,要求学生说出根据、理由等.语言训练中逐步要求学生做到语言精练,表述正确,对于学生模糊不清的口语,要一一加以纠正,毫不放松.语言训练要重视课本的作用.教学中要引导学生看书,同时对于一些语言程式和习惯用语,如

"联结××并延长交××于点×",

"延长××到×,使××等于××"

等,可以要求学生熟记,以利于熟练地掌握和正确地使用几何语言.

6. 帮助学生分析几何语句的成分,使学生能学会抓住句子的主要成分去理解句子所表述的意思

学生尚未系统学习把单句改写为复句的语法知识,而几何命题的改写实际上就是要进行这种句式的变换.这种不同学科知识横向的不衔接,造成了学生改写命题时的困惑.如把

"对顶角相等"

改写为

"如果对顶角,那么相等"

的这类错误更是普遍.

7. 把有关的语言教学当作本分的事情,对几何中的一些常用语言进行归类、对比,进行一定的语言训练,甚至做造句,帮助学生理解、记忆,特别是古文字

注意对几何语言进行整理小结,通过归类、对比等手段使学生掌握的几何语言系统化.比如,带有"任意"的几何语言有:

在直线 l 上任取一点;

以已知点为圆心、任意长为半径画弧；

　　过点 A 任意作一条直线，过三点中的任意两点作直线

等. 又如关于"存在与唯一性"的几何语言有：

　　经过两点有且只有一条直线；

　　过一点有且只有一条直线与已知直线垂直；

　　过直线外一点有且只有一条直线与已知直线平行；

　　两条直线相交只有一个交点

等，这样不但整理了几何语言，同时也小结了有关的基础知识.

　　只要我们从学生的实际出发，加强教师自身的语言修养，讲究教法，重视对学生的语言训练，并持之以恒，就能逐步使学生获得规范的几何语言，并能运用自如.

四、排列组合教学中的语言[①]

数学语言是多姿多彩而又严谨规范的,常常会存在不可或缺的关键词语,即"词眼","增之一字意已变,减之一字意也变". 在排列组合的学习过程中,这样的"词眼"就很多,应引起我们特别的关注. 如:"恰有"、"至多"、"至少"、"都……"、"都不……"、"不都……"、"既不……也不……"等. 那么在排列组合的学习中如何正确理解、运用这些"词眼"呢?

一、回顾解排列组合问题的一般思考方法

1. 要明确题目有无"顺序"的要求,如果有"顺序"的要求,是排列问题;反之,是组合问题.

2. 要弄清目标的实现,是分步达到的,还是分类完成的,前者用乘法原理,后者用加法原理.

当然,一个复杂的问题,往往是分类和分步交织在一起的,这就要准确分清,哪一步用乘法原理,哪一步用加法原理.

3. 对于较复杂的问题,一般有两个方向的列式途径,一个是"正面凑",即直接法;另一个是"反过来剔",即间接法. 前者是指:按照要求,依次选出符合要求的方案;后者是指:先按照全局性的要求,选出方案,再把不符合其他要求的方案剔出去. 这两种途径的优劣因题而异. 一般地,"正面凑"很繁琐时,"反面剔"往往简单,就是通常所说的"正难则反".

二、正确把握关键"词眼"

掌握了一般的思考方法,是正确解题的第一步,正确地把握关键"词眼",是正确解题的第二步,下面通过实例说明.

例1 将标号为 $1,2,\cdots,10$ 的 10 个小球放入标号为 $1,2,\cdots,10$ 的 10 个盒子内,每个盒子内放一个球,则恰好有 3 个球的标号与其所在盒子的标号不一致的放

[①] 本文作者:阮夏丽

法共有多少种？

分析 本题的词眼是：**恰有**，即**不多不少**，**有且只有** 3 个球的标号与盒子的标号不一致，可知，有 7 个球的标号与盒子的标号相同，这样，可在 10 个盒子中任取 7 个，使这 7 个盒子的标号与放入球的标号一致，有（$C_{10}^7 =$）120 种放法，然后，剩下的 3 个盒子的标号与放入球的标号不一致，有 2 种放法，由分步计数原理知，共有（$120×2=$）240 种放法.

本题可能的失误之处是对"**恰有** 3 个球的标号与其所在盒子的标号不一致"的意义不理解或理解错误，而得到（$C_{10}^7 × P_3^3 =$）720 种放法的错误答案.

例 2 从 4 名男生和 3 名女生中选出 3 人，分别从事三项不同的工作.若这三人中至少有 1 名女生，则选派方案共有多少种？

分析 本题的词眼是：**至少**，即**大于或等于**，亦即"**≥**"．遇到"至多"、"至少"问题，有两种常见的处理方法.

1. 将所有情况列出，最后用加法原理；
2. 从反面考虑.

方法一（直接法） "**至少有 1 名女生**"即选派的女生**可以 1 名、可以 2 名、也可以 3 名**，由分类计数原理得选派方案共有

$$(C_4^2 C_3^1 + C_4^1 C_3^2 + C_3^3) P_3^3 = 186 （种）.$$

方法二（间接法） "**至少有 1 名女生**"的反面是"**一个女生也没有**"，可得选派方案共有

$$(C_7^3 - C_4^3) P_3^3 = 186 （种）.$$

本题的可能失误之处：

一是认为"**至少有 1 名女生**"是多于 1 名女生，从而得到选派方案共有（$C_4^1 C_3^2 + C_3^3) P_3^3 = 78$（种）的错误答案.

二是认为"**至少有 1 名女生**"的反面是"**至多一名女生**"，从而得到选派方案共有（$C_7^3 - C_4^3 - C_4^2 C_3^1) P_3^3 = 96$（种）的错误答案.

注意： 1. 对于"至多 n 个"或"至少 n 个"的否定，可以由补集的意义，通过**画数轴**的方法，分析出正确答案，如图 1 所示.

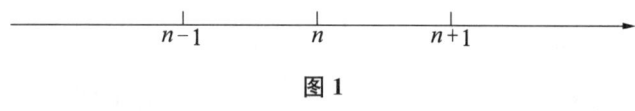

图 1

对于"至多 n 个"的否定，显然是"至少 $n+1$ 个"，对于"至少 n 个"的否定显然是"至多 $n-1$ 个".

2. 上述两例中，对词眼的分析（**恰有**，即**不多不少**，**有且只有**；**至少**，即**大于或等于**，亦即"**≥**"）实际上就是对一个词语作必要的"**同义反复**"．"同义反复"就是指从多角度解剖这个词语，让学生有"品味"这个词语的过程，它同举例子同样重要.

是我们在课堂教学中值得运用的方法之一.

3. 在解排列组合问题时,由于问题的复杂性,往往借助相应的直观图形帮助分析,即数形结合法,这也是一种常用的方法.

例 3 有 11 个划船运动员,其中右舷手 4 人,左舷手 5 人,还有甲、乙两人左、右都能划,现要选 8 人组成一个划船队参加竞赛(左、右各 4 人),有多少种安排方法?

分析 如图 2,
按右舷手为标准安排,分三类:
右舷手 4 人都入选,有 $C_4^4 C_7^4$ 种;
右舷手入选 3 人,则甲、乙中选 1 人作右舷手有
$C_4^3 C_2^1 C_5^4$ 种;
右舷手入选 2 人,同理得,有 $C_4^2 C_2^2 C_5^4$ 种;
由加法原理得,共有

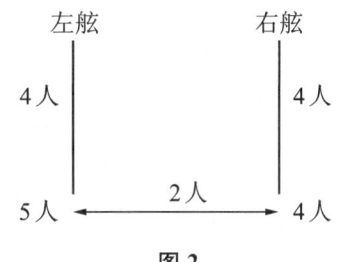

图 2

$$C_4^4 C_7^4 + C_4^3 C_2^1 C_5^4 + C_4^2 C_2^2 C_5^4 = 185(种).$$

本题也可以按左舷手为标准安排或按甲、乙两人是否入选为标准安排.

在解排列问题时,通常还可以画出比较直观的方框图: ▢▢…▢ 来帮助分析,一个方框相当于一个位置.

例 4 求下列不同坐法的种数:

(1) 6 女 2 男坐成一排,2 男不得相邻;

(2) 4 女 4 男坐成一排,男、女均不得相邻.

分析 本题的词眼是:**不相邻**.

(1) 方法一(间接法)

即在 8 人的全排列中扣除 2 男相邻的情况. 这里,"2 男不得相邻"的反面是"2 男相邻". 得坐法种数为

$$N_1 = P_8^8 - P_7^7 P_2^2 = 30240(种).$$

若将题目改为"5 女 3 男坐成一排,3 男都不得相邻",则用间接法时要注意"3 男都不得相邻"的反面是"3 男不都相邻",即在 8 人的全排列中不但要扣除 3 男都相邻,还要扣除"两个相邻、另一个不相邻的情况",即"**都相邻**"的反面并不是"**都不相邻**",而是"**不都相邻**". 故可得坐法种数为

$$N_1 = P_8^8 - P_6^6 P_3^3 - C_3^2 P_5^5 P_6^2 P_2^2 = 14400(种),$$

而不是

$$P_8^8 - P_6^6 P_3^3 = 36000(种).$$

方法二(直接法)

不相邻问题常用插空法. 6 女先坐,再在 7 个空位中排列 2 男. 得坐法种数为

$$N_2 = P_6^6 P_7^2 = 30240(种).$$

(2) 因为本题要求"**男、女均不得相邻**"就是**男的不能相邻、女的也不能相邻**. 由于男、女人数相等,故男、女都坐好时,男坐奇数位、女坐偶数位,或者对调. 得坐法种数为

$$N = 2P_4^4 P_4^4 = 1152(种).$$

本题可能的失误之处是:认为坐法种数为 $N = P_4^4 P_5^4$(种),即男的先坐好,女的插空(或女的先坐好,男的插空). 它的错误在于只保证了女的不相邻,而男的就不一定不相邻(或只保证了男的不相邻,而女的就不一定不相邻).

注意:1. "**都**"的正确否定是"**不都**",可用**列表法**帮助理解.

例:"甲、乙都是团员"的否定是"甲、乙不都是团员",它有 3 种情况.

即:

甲是团员,乙是团员	甲、乙都是团员
甲是团员,乙不是团员	甲、乙不都是团员
甲不是团员,乙是团员	甲、乙不都是团员
甲不是团员,乙不是团员	甲、乙不都是团员

2. 掌握关键词的正确"否定",是成功运用间接法的关键. 用列表法帮助分析是较好的方法,另外,熟悉一些常用的词语的否定也是必需的. 如:

"任一个"或"每一个"的否定是"存在一个";

"一定是"的否定是"一定不是";

"都"的否定是"不都";

"至少有一个"的否定是"一个也没有";

……

例 5 **6 本不同的书分给 3 个人.**

(1) 每人得 2 本,有几种分法?

(2) 甲得 1 本,乙得 2 本,丙得 3 本,有几种分法?

(3) 1 人得 1 本,1 人得 2 本,还有 1 人得 3 本,有几种分法?

(4) 1 人得 4 本,还有 2 本平均分给另 2 人,有几种分法?

分析 这是排列组合中的分配问题,一般的解题思路是:若是指定分配,则由人分别去"拿";若不指定分配,则先进行分组,再分配给人.

本题的词眼是:**分、平均分**.

(1) 甲、乙、丙三人各拿 2 本(指定分配),所以共有分法 $C_6^2 C_4^2 C_2^2 = 90$(种);

(2) 指定分配,共有分法 $C_6^1 C_5^2 C_3^3 = 60$(种);

(3) 不指定分配,6 本书先分成 3 组,第 1 组 1 本,第 2 组 2 本,第 3 组 3 本,有

$C_6^1 C_5^2 C_3^3$ 种分组方法,再将这三组书分给 3 人有 P_3^3 种方法,所以,共有分法 $C_6^1 C_5^2 C_3^3 P_3^3 = 360$(种);

(4) 不指定分配,6 本书先分成 3 组,第 1 组 4 本,第 2 组 1 本,第 3 组 1 本,有 $\dfrac{C_6^4 C_2^1 C_1^1}{P_2^2}$ 种分组方法,因为第 2、3 组各 1 本,实际上只有唯一的一种分法(因为组与组之间无次序关系,为叙述方便,才加上"第"字),再将这三组书分给 3 人有 P_3^3 种方法,所以,共有分法 $\dfrac{C_6^4 C_2^1 C_1^1}{P_2^2} P_3^3 = 90$(种).

注意:(4)中分组涉及"**平均分组**",若有 m 组是平均的,则分组最后要除以 P_m^m,相当于要**消去**由这 m 组所产生的"**序**". 一般地,n 人平均分成 m 组($n = mk$, $k \in \mathbf{N}$),共有分法 $\dfrac{C_n^k C_{n-k}^k \cdots C_k^k}{P_m^m}$ 种.

例 5 (1) **8 名大学生分配给 9 个单位,每个单位至多接受 1 名大学生,问:有多少种分配方案?**

(2) **9 名大学生分配到 8 个单位,每个单位至多接受 1 名大学生,问:有多少种分配方案?**

分析 本题的词眼是:**分配、接受**.

(1) 有 $P_9^8 = 362880$(种)方案;

(2) 有 $P_9^8 = 362880$(种)方案.

(1)、(2)虽然是不同的问题,但是有相同的实质:都是把一些元素分配给另一些元素来接受的问题. 因为涉及两类元素:被分配元素和接受单位,而我们所学的排列组合是对一类元素作排列或进行组合的,所以学生感到解决这类问题难度较大. 事实上,任何排列问题,都可以看作面对两类元素. 如:

"**把 5 个人作全排列**",

可以理解为

"**在 5 个人旁,有序号为 a_1,a_2,…,a_5 的 5 把椅子,每把椅子坐 1 人,那么有多少种坐法**".

这样就出现了两类元素:一类是人,另一类是椅子. 所以,对于各种各样的常见的分配问题,可以归结为:

① 每个"接受单位"至多接受一个被分配元素的问题.

分配方案数为 P_n^m.

这里 $n \geqslant m$,其中的 m 是"接受单位"的个数,至于谁是"接受单位",不要管它在生活中原来的意义,只要 $n \geqslant m$,个数为 m 的一类元素就是"接受单位",于是,方法还可以简化为 $P_{多}^{少}$,这里的"多"只需 $\geqslant$ "少".

所以,以上两题的解答相同,都是有 $P_9^8 = 362880$(种)方案.

② 各"接受单位"的接受数目不限,并且全部元素要分配完的问题. 如:

有 5 名高三毕业生报考大学,有 3 所大学可供选择,每人只能填一个志愿,有

多少种报名方案？

记这 5 名学生分别为 A、B、C、D、E.

先考虑 A，他有 3 种选择；对于他的每一种选择，B 又有 3 种选择与之搭配，以此类推，由乘法原理知，共有 $(3×3×3×3×3=)3^5$ 种方案.

一般地，若被分配元素数为 n，接受单位数为 m，且接受数目不限，则分配方案数为 m^n.

例 6 6 人排队，(1) 某甲既不能站在排头，也不能站在排尾，有多少种站法？

(2) 某甲不能站在排头，某乙不能站在排尾，有多少种站法？

分析 本题的词眼是"既不……也不……".

本题是有关特殊元素"在与不在"特殊位置的排列问题，优先考虑特殊元素与特殊位置，用直接法或间接法均可.

(1) 用直接法：得站法种数为 $N=P_4^1 P_5^5=480$（种）；

用间接法：得站法种数为 $N=P_6^6-2P_5^5=480$（种）；

(2) 用直接法：得站法种数为 $N=P_5^5+P_4^1 P_4^1 P_4^4=504$（种）；

用间接法：得站法种数为 $N=P_6^6-2P_5^5+P_4^4=504$（种）.

本题的可能失误之处是(2)中第二种解法，错误答案为 $N=P_6^6-2P_5^5=480$（种），这种解法混淆了(1)和(2)的区别：

在(1)中，甲站排头和排尾是不可能同时出现的，所以，(1)中不满足要求的排法有两类情况：甲站在排头和甲站在排尾，共有 $2P_5^5$ 种，所以满足要求的排法种数为 $P_6^6-2P_5^5=480$（种）.

而(2)中，甲站排头、乙站排尾可以同时出现，也可以不同时出现，所以(2)中不满足要求的排法有三类情况：甲站在排头有 P_5^5 种排法，乙站在排尾也有 P_5^5 种排法，但甲站在排头、乙站在排尾的排法有 P_4^4 种，而这 P_4^4 种在两个 P_5^5 中都被计算进去了，即被重复了一次，因此，不满足要求的排法数为 $2P_5^5-P_4^4$，故所求的排法数为 $P_6^6-(2P_5^5-P_4^4)=504$（种）.

三、几点体会

排列组合问题，对学生来说，之所以难学，因为各题各样，没有同一模式，而且，题中关键词语要正确理解，否则容易出错. 如何避免这样那样的错误？如何掌握对关键词语的正确理解呢？笔者的体会是：

1. 排列组合中出现的关键词，是有自己的特点的.

第一，除了"相邻"等个别词之外，主要是涉及逻辑的词.

第二，在《中学生数学化语言掌握情况的测试》一文中指出，在数学课里，涉及逻辑的字词，主要有三种：逻辑量词、否定和命题的四种形式. 在排列组合中主要是逻辑量词和否定.

第三,涉及的逻辑量词也不仅是比较简单的"每一个"和"有一个",还有"至少 n 个"、"至多 n 个"、"恰好 n 个"这样比较复杂的量词.

第四,逻辑连接词"且"和"或"也常常出现(从测试看,对这两个词学生理解掌握得比较好).

第五,常常出现否定词.

第六,不但出现逻辑量词,逻辑连接词,而且还常常和否定词联系在一起,如"既不……又不……"、"不都"、"都不". 这样,困难就大大增加了.

因此,要适当突出逻辑量词的意义,逻辑连接词的意义,突出否定的意义,还要突出逻辑量词、逻辑连接词和否定词的配合的意义. 对此,可以专门介绍,也可以遇到某个词的时候,穿插着补充. 这个问题要引起重视,在现行的中学课程里,没有专门介绍逻辑知识的,因此,解释这些字词的任务只能由数学课来担当.

2. 在讲解逻辑量词、逻辑连接词和否定的意义时,可以借助举例法、列表法、画直观图等的方法.

这样做,可以化解难点. 譬如
"A 不排在首位,B 不排在末尾"
的意义,可以用列表的方法解释清楚.

	B 在首位	B 在中间	B 在末尾
A 在首位	~~A、B 都在首位~~	~~A 首 B 中~~	~~A 首 B 尾~~
A 在中间	A 中 B 首	A、B 都在中间	~~A 中 B 尾~~
A 在末尾	A 尾 B 首	A 尾 B 中	~~A、B 都在末尾~~

显然,A 不排在首位,划去第一行;B 不排在末尾,划去第三列. 余下的情况就是:A 中 B 首,A、B 都在中间,A 尾 B 首,A 尾 B 中四种情形.

本文例 2 的注意 1,介绍了画直观图法.

再譬如下面的例题,涉及的关系很复杂:

从 A、B、C、D、E、F、G 7 个歌手中选 4 个表演独唱,规定每个歌手最多只能出场一次,而且第一个节目不能排 A、B,第二个节目不能排 A、B、C、D,问:有几种排法?

如果用下面的图表示就十分清楚了. 外面把第一个节目允许安排的歌手用一个"圈"表示,把第二个节目允许安排的歌手也用个"圈"表示出来,容易发现两个"圈"之间有包含关系. 具体解题时,分三步,先安排第二个节目.

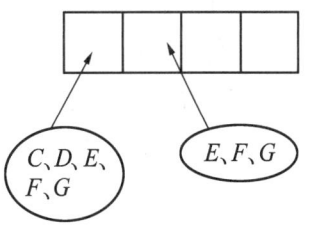

图 3

3. 必要的"同义反复".

数学里很重要的是找到和一个命题意义相同的其

他表达方式.喻平教授提出了"命题域"的概念①,这揭示了数学特有的认识规律.简言之,将一个命题的等价命题看成一个集合,这就是这个命题的命题域.如果一个学生能够把某个命题的好多等价命题列出来,那么他解题的时候,反应就快了.因此,我们要培养学生善于将一个命题的等价命题尽可能地列出来.

笔者以为,一个命题的等价命题可能有两类.一类是素材没有发生变化,只是词语的位置、对象的数量、语句的正反发生了变化.如

"A、B 都选入"和"A 选入,同时 B 也选入"

是等价的,就是属于这一类.

"点 A 在直线 l 上"和"直线 l 过点 A",

也属于这一类.

"不存在一个平面,使直线 l_1 和 l_2 都在这个平面内"和"对于任意一个平面,要么 l_1 不在这个平面内,要么 l_2 不在这个平面内"

也属于这一类.

另一类是在不同的系统里的变换.如

"A 在直线 l 上"和"A 的坐标适合直线 l 的方程",

涉及的素材是完全不同的,前者是几何的说法,后者是代数的说法.

前一类的等价变换,因为是同素材的,因此本质上说,是"同义反复".不要以为同义反复就是啰嗦,必要的同义反复可以从多角度理解一个命题的意义,因而有时是必要的.②

"同义反复"大致上有三种:换位、换质、换量.我们在讲解题目的时候,要注意"换一个说法",即必要的同义反复.不但我们教师讲解的时候要这样,而且要培养学生进行必要的同义反复,让学生对某个语句用别的方式说出来.譬如对排列组合中常见的语句:

"从 4 名男生和 3 名女生中选出 3 人,要求这三人中至少有 1 名女生",

可以要求学生用尽量多的方式重新叙述.

4. 通过用关键词语编题、对题目变式等,来体会关键词语的意义.

譬如:对关键词"不……不……",可以编出下列题目:

(1) 甲、乙、丙、丁四人参加 400 米接力赛,甲不跑第一棒,也不跑第四棒,有多少种不同的参赛方法?

(2) 甲、乙、丙、丁四人参加 400 米接力赛,甲不跑第一棒,丙不跑第四棒,有多少种不同的参赛方法?

(3) 甲、乙所在的班级共有 35 名学生,现要选正、副班长各一名,已知甲不当

---

① 喻平.数学学习心理 CPFS 结构理论.南宁广西教育出版社,2008,4
② 陈永明.要重视在数学教学中运用必要的同义反复.上海中学数学,1990,2

正班长、乙不当副班长,那么有多少种不同的选举结果?

(4) 用 0、1、2、3、4、5、6、7、8、9 这 10 个数字组成没有重复数字的四位数,并且这个四位数不能被 2 整除,也不能被 3 整除,那么有多少个符合要求的四位数?

……

5. 一题多解——排列组合题的检验方法.

一题多解,可从不同角度对题目进行解剖,拓宽解题思路.同时也是解排列组合问题的主要检验方法.

譬如:(1) 把 10 辆不同的车排成两行,每行 5 辆,有多少种排列方法?

(2) 把 10 辆不同的车排成三行,第一行 2 辆,第二行 3 辆,第三行 5 辆,有多少种排列方法?

分析 (1) **方法一** 第一步,从 10 辆车中取 5 辆排在第一排,有 P_{10}^5 种排法. 第二步,把剩下的 5 辆排在第二排,有 P_5^5 种排法. 由乘法原理,排法共有 $P_{10}^5 P_5^5 = 3628800$(种).

方法二 第一步,把 10 辆车分成两组,每组 5 辆,分组方法有 $\dfrac{C_{10}^5 C_5^5}{P_2^2}$ 种. 第二步,把两组分别安排在前、后两行,有 P_2^2 种排法. 第三步,把第一行车作全排列,有 P_5^5 种排法. 第四步,把第二行车作全排列,有 P_5^5 种排法. 由乘法原理,排法共有 $\dfrac{C_{10}^5 C_5^5}{P_2^2} P_2^2 P_5^5 P_5^5 = 3628800$(种).

方法三 第一步,把 10 辆车分给前、后两行各 5 辆,有 $C_{10}^5 C_5^5$ 种分组方法. 第二步,对每行的车作全排列,有 $P_5^5 P_5^5$ 种排法. 由乘法原理,排法共有 $C_{10}^5 C_5^5 P_5^5 P_5^5 = 3628800$(种).

方法四 对 10 辆车作全排列,共有排法 $P_{10}^{10} = 3628800$(种).

(2) 与(1)类似,有

方法一 有 $P_{10}^2 P_8^3 P_5^5 = 3628800$(种).

方法二 有 $C_{10}^2 C_8^3 C_5^5 P_2^2 P_3^3 P_5^5 = 3628800$(种).

方法三 有 $P_{10}^{10} = 3628800$(种).

注意:本题各种不同的解法思路,沟通了排列与组合种数的计算公式的联系. 在(1)与(2)的各种解法中,最简单的,也是道理最不明显的方法为最后一种,即计算全排列种数 P_{10}^{10},但它却对(1)、(2)都适用,为什么呢? 以(2)为例,可以这样来思考:

把 10 辆车排为

   * *   (第一行)

   * * *   (第二行)

   * * * * *   (第三行)

时的排法种数,与排为

```
  * *                                    (第一行)
   * * *                                 (第二行)
    * * * * *                            (第三行)
```

时的排法种数,与排为

```
  * *              * * *          * * * * *
 (第一行)          (第二行)         (第三行)
```

后,再向左靠拢即为 * * * * * * * * * * 时的排法种数是相同的,而最后一种形式的排法种数就是全排列 P_{10}^{10}. 由此可知,关于分段排列问题,有一个统一的简捷解法,即:可以转化为求对所有元素作全排列的种数.

五、高中数学试题中的语言问题初探

数学学习就是数学语言的学习,因为数学语言是数学思维的工具,是数学知识和数学思想、方法的载体,另一方面,数学知识最终也是借助数学语言来传播、交流的. 数学史上,类似伽罗华的论文在去世后 38 年才被世人看懂的先例屡见不鲜. 原因之一就是作数学论文和读数学论文都需要有坚实的数学语言功底,才能将抽象的思想流芳百世,化为人类进步的力量. 在数学教学中,学生与数学的亲密接触就是从书本内的概念和考试试题中截取的,因此我们着重开展试题中数学语言的探索.

一、试题中的语言能力问题

几乎所有的数学问题都少不了文字的描述,反之,学生体现的思维过程也是通过文字表述而达成. 尽管高考中的解答题,为学生反映自己的真实数学能力搭建了平台,但近年来,为凸显考查学生数学素养的目标,有些试题开始单独对语言提出明确的要求;有些试题尽管没有明确考数学化语言,但是,如果应试者对数学化语言理解不深刻,不善于进行多种表示方式的转换,就很难将自己的聪明才智发挥出来. 笔者作为数学教师,深感要认真加强自己的数学化语言的修养,努力培养学生在具有良好的思维能力的同时,具有良好的语言理解能力、转换能力、表达交流能力.

例1 (2006 年上海春季高考试题)

同学们都知道,在一次考试后,如果按顺序去掉一些高分,那么班级的平均分将降低;反之,如果按顺序去掉一些低分,那么班级的平均分将提高. 这两个事实可以用数学语言描述为:若有限数列 $a_1, a_2, \cdots, a_n$ 满足 $a_1 \leqslant a_2 \leqslant \cdots \leqslant a_n$, 则_____(结论用数学式子表示).

本题答案:$\dfrac{a_1+a_2+\cdots+a_m}{m} \leqslant \dfrac{a_1+a_2+\cdots+a_n}{n}$ ($1 \leqslant m < n$) 和

---

① 本文作者:李瑾,胡怡群

$$\frac{a_{m+1}+a_{m+2}+\cdots+a_n}{n-m} \geqslant \frac{a_1+a_2+\cdots+a_n}{n} \quad (1\leqslant m<n).$$

"数学语言"基本上用自然语言表示,也可以是夹杂一些符号的"数学化语言"和纯粹用符号、式子表示的语言. 这两种语言的"互译"是十分重要的.

例 1 是将自然语言表示的意思转换为符号和式子. 下面是 2008 年上海高考(理)的一道试题,可以体会从符号式子到自然语言的转换.

例 2 (2008 年上海高考(理)试题)

如图 1,在平面直角坐标系中,Ω 是一个与 x 轴的正半轴、y 轴的正半轴分别相切于点 C、D 的定圆所围成的区域(含边界),A、B、C、D 是该圆的四等分点,若点 $P(x,y)$、$P'(x',y')$ 满足 $x \leqslant x'$ 且 $y \geqslant y'$,则称 P 优于 P',如果 Ω 中的点 Q 满足:不存在 Ω 中的其他点优于 Q,那么所有这样的点 Q 组成的集合是劣弧(　　).

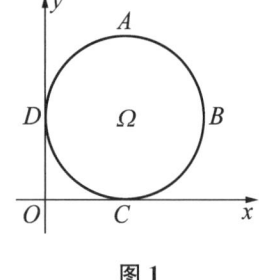

图 1

(A) $\overset{\frown}{AB}$　　　(B) $\overset{\frown}{BC}$　　　(C) $\overset{\frown}{CD}$　　　(D) $\overset{\frown}{DA}$

本题就是一个数学语言的解读:

"若点 $P(x,y)$、$P'(x',y')$ 满足 $x \leqslant x'$ 且 $y \geqslant y'$,则称 P 优于 P',"这句话涵义就是准确地描述了所谓 P 优于 P',就是指 P 在 P' 的左上方,而左上方还是一个模糊的概念,因此数学语言利用直角坐标系解释了左上方的概念. 由此

"如果 Ω 中的点 Q 满足:不存在 Ω 中的其他点优于 Q,"

就是指对于点 Q 而言,没有左上方的点,那在左上方的弧上的点不就满足条件了吗?而学生在处理这道题时,被"玄妙"的符号和式子所迷惑,抓不住事物的本质. 一旦用自然语言翻译一下,不就是"左上方"、"右上方"么!这种翻译,将抽象的式子内化为自己的一种体验,成为解这道题的关键.

本题答案:D.

再如:

例 3 (上海市某区 2008 年第二次模拟考试题):若函数 $f(x)$ 和 $g(x)$ 的定义域、值域都是 **R**,则 $f(x)>g(x)$ 成立的充要条件是(　　).

(A) 存在一个 $x(x\in \mathbf{R})$,使得 $f(x)>g(x)$

(B) 有无穷多个 $x(x\in \mathbf{R})$,使得 $f(x)>g(x)$

(C) 对于任意的 $x(x\in \mathbf{R})$,都有 $f(x)>g(x)$

(D) $x \notin \{f(x) \leqslant g(x)\}$

下面是笔者在讲解这道题时的课堂实录片断:

学生甲:因为定义域都是 **R**,那不就是 C 嘛.

学生乙:不对,本题即是 $f(x)>g(x)$ 的解集概念,例如:令

$$f(x)=x-1, g(x)=2x,$$

则

$$f(x)>g(x) \Leftrightarrow x\in\{x\mid x<-1\} \Leftrightarrow x\notin\{x\mid x\geqslant-1\} \Leftrightarrow x\notin\{x\mid f(x)\leqslant g(x)\},$$

而不是 $f(x)>g(x)$ 对于一切实数恒成立的条件，C 显然是不妥当的. 应该选 D.

学生丙：如果这么解释，那么 B 也对啊！

学生丁：B 不确切，如果

$$f(x)=x, g(x)=x+1,$$

那就不存在 x 了.

其实学生对这道题的争论就是对概念外延的辩论，他们不能用详尽的数学语言表达，但是可以用数学实例来说明自己的观点，虽然用实例说明概念不是很精确，但这就是一种"内化"的过程，转化了一种内心体验.

可见，要弄懂抽象的符号和式子，重要的是举例，也就是用具体化来应对抽象化. 数学思维的检验必须通过数学语言的载体来表达，对数学语言的准确把握、简洁描述、用词规范，体现了学生的数学素养和综合能力，教师在平常教学和作业反馈中应该进行足够的重视. 平时在学习概念时充分举例，尝试让学生用自己语言叙述概念.

本题答案：D.

让我们回归到数学学习本身，之所以人类构建了数学体系的"万丈高楼"，"奠基石"还是经过反复推敲的基本概念和基本定理，例如我们学习的欧基里德体系就是从公理出发，将这个体系推向及至. 因此教师不能放过任何一个传授新知识、新概念的机会，让懵懂的学生用自己的体验完成对数学的认识，充分理解数学语言蕴涵的深层涵义.

二、试题中数学化语言的盲区反映着学生思维和知识点的误区

很多高中毕业的学生回到母校后普遍反映大学的高等数学简直犹如天书，细想一下，其实，还是我们中学老师把他们"宠坏"了. 教师为了渗透一些知识点，反复进行操作训练，而每个老师都知道，习题大部分还是"换汤不换药"，语意背景相似，因此学生已经习惯了这些常见题型，而精准的数学化语言往往在课堂教学中淡化了.

在近年高考中，一些老师觉得平时数学能力还不错的学生在理解题意上栽了跟头，其实还是暴露出数学素养培养得不够. 印象比较深刻的有这两个方面：

1. 反例与反证

例 4 （2005 年上海春季高考试题）

设函数 $f(x)$ 的定义域为 **R**，有下列三个命题：

（1）若存在常数 M，使得对任意 $x\in\mathbf{R}$，有 $f(x)\leqslant M$，则 M 是函数 $f(x)$ 的最大值；

(2) 若存在 $x_0 \in \mathbf{R}$,使得对任意 $x \in \mathbf{R}$,且 $x \neq x_0$,有 $f(x) < f(x_0)$,则 $f(x_0)$ 是函数 $f(x)$ 的最大值;

(3) 若存在 $x_0 \in \mathbf{R}$,使得对任意 $x \in \mathbf{R}$,有 $f(x) \leqslant f(x_0)$,则 $f(x_0)$ 是函数 $f(x)$ 的最大值.

这些命题中,真命题有 (　　) 个.

(A) 0　　　　　(B) 1　　　　　(C) 2　　　　　(D) 3

在解决这个问题时,学生心存疑虑,学生普遍认为命题(3)肯定是正确的,由于命题(3)正确,命题(2)显然不完整,可以用 $y = \sin x$ 的例子加以否定. 其实从命题本身意义上而言,命题(2)并没有错,因为其前提条件是

"若存在 $x_0 \in \mathbf{R}$,使得对任意 $x \in \mathbf{R}$,且 $x \neq x_0$,有 $f(x) < f(x_0)$",

而学生所举"反例" $y = \sin x$ 并没有符合这个条件,因而也不具备否定该命题的依据,不是反例. 命题(2)显然描述的是具有唯一自变量对应最大值的函数,例如开口向下的二次函数,作为"最大值"这个概念,命题(2)不是很完整,而作为具有"题设与结论"的命题而言,确实是真命题.

那么,反例的把握为什么是个语言问题呢? 因为"举反例"、"反证法"都是思维批判性的集中体现,语言的表述比较"拗口",容易暴露出"存在性和任意性"的认知不完善. 所谓"举反例",就是存在一个元素(或事实)满足题设,但推不出相应的结论,比如,对

$x > 1$,则 $x > 2$,

显然例举 $x = 1.5$,就可以推翻命题,只要存在一个即可,这是验证假命题的方法. 而真命题的验证必须是所有满足题设的条件的元素都能推出结论.

类似的,有两道高三复习课的典型例题:

例5 (1) 已知数列 $\{c_n\}$,其中 $c_n = 2^n + 3^n$,且数列 $\{c_{n+1} - pc_n\}$ 为等比数列,求常数 p;

(2) 设 $\{a_n\}$、$\{b_n\}$ 是公比不相等的两个等比数列,$c_n = a_n + b_n$,证明:数列 $\{c_n\}$ 不是等比数列.

在第(1)小题中,我们可以利用 $\{c_{n+1} - pc_n\}$ 为等比数列,建立关系式

$$(c_{n+1} - pc_n)^2 = (c_{n+2} - pc_{n+1})(c_n - pc_{n-1}),$$

得到

$$p = 2 \text{ 或 } 3.$$

但学生对第(2)小题的理解是这样的,他利用第(1)小题的

$$c_n = 2^n + 3^n,$$

然后利用显然

$$c_2^2 \neq c_1 \cdot c_3,$$

证明这个$\{c_n\}$不是等比数列,他称这种证明方法是"举反例". 学生潜意识的逻辑可能认为要证"不是",就是举反例,举一个反例加以否定,不就行了吗? 每次讲这道例题总有学生纠缠许久,如果教师要将学生从这种谬误的逻辑中带出来,只要让学生体会一个字,如果把结论中的"不是"改成"是",同学,你也举一个例子来证明吗? 此时,学生才发现自己在证明问题中只考虑$a_n = 2^n$, $b_n = 3^n$的特殊情况,认清自己证明的失误.

其实第(2)小题,为了证明"不是"我们可以利用反证法.

证明:(反证法)若"$c_n = a_n + b_n$是等比数列",

不妨设$\{a_n\}$的公比为q,$\{b_n\}$的公比为p,则

$$c_{n+1}^2 = c_n \cdot c_{n+2}$$
$$\Rightarrow (a_{n+1} + b_{n+1})^2 = (a_n + b_n)(a_{n+2} + b_{n+2})$$
$$\Rightarrow a_{n+1}^2 + 2a_{n+1}b_{n+1} + b_{n+1}^2 = a_n a_{n+2} + b_n a_{n+2} + a_n b_{n+2} + b_n b_{n+2}$$
$$\Rightarrow 2a_{n+1}b_{n+1} = b_n a_{n+2} + a_n b_{n+2}$$
$$\Rightarrow 2a_n q b_n p = a_n b_n (q^2 + p^2)$$
$$\Rightarrow 2qp = q^2 + p^2$$
$$\Rightarrow p = q$$

则可推得$\{a_n\}$、$\{b_n\}$的公比相等,与条件矛盾,所以$\{c_n\}$不是等比数列. 由此我们把所有的此类$\{c_n\}$都给否定了.

反证法是一种间接证明命题的基本方法. 在证明一个数学命题时,如果运用直接证明法比较困难或难以证明时,可运用反证法进行证明. 其步骤是

(1) 假设命题的结论不成立,即假设结论的反面成立;
(2) 从假设出发,经过推理,得出矛盾;
(3) 由矛盾判定假设不正确,从而肯定命题的结论正确.

例6 下列各命题中,真命题是(   ).

(A) 存在这样的α、β,使$\cos(\alpha + \beta) = \cos\alpha \cos\beta + \sin\alpha \sin\beta$

(B) 不存在无穷多个α、β,使$\cos(\alpha + \beta) = \cos\alpha \cos\beta + \sin\alpha \sin\beta$

(C) 对于任意的α、β,$\cos(\alpha + \beta) = \cos\alpha \cos\beta + \sin\alpha \sin\beta$

(D) 不存在这样的α、β,使$\cos(\alpha + \beta) \neq \cos\alpha \cos\beta + \sin\alpha \sin\beta$

由 A 得

$$\cos(\alpha + \beta) = \cos\alpha \cos\beta - \sin\alpha \sin\beta = \cos\alpha \cos\beta + \sin\alpha \sin\beta$$
$$\Rightarrow \sin\alpha \sin\beta = 0$$
$$\Rightarrow \sin\alpha = 0 \text{ or } \sin\beta = 0$$
$$\Rightarrow \alpha = k\pi \text{ or } \beta = k\pi$$

因此选择 A.

两角和公式提到：$\cos(\alpha+\beta)=\cos\alpha\cos\beta-\sin\alpha\sin\beta$,适合于任何情况. 但题目中利用学生平时一个记忆的偏差辨析了"任意"和"存在"的区别,值得让学生有更深层次的思考.

2. 数学与生活

应用题中的语言问题历来成为"众矢之的"、"众口难调"的"一道菜",近年来上海高考题还是将课本中的常规模型作为检验载体,旨在测试学生的数学知识运用能力,然而尽管一遍又一遍的操作,在理解方面有阻碍的学生还是无法跨越. 例如一道陈题(被选入某区的模拟考试卷中,学生对此存有争议):

例 7 (上海市某区 2008 年第二次模拟考试题)某厂预计从 2008 年初开始的前 x 个月内,市场对某种产品的需求总量 $f(x)$ 与月份 x 的近似关系为 $f(x)=x(x+1)(35-2x)$(单位:台,$x\in \mathbf{N}^*$,且 $x\leqslant 12$).

(1) 写出 2008 年第 x 个月的需求量 $g(x)$ 与月份 x 的关系式;(答案:$g(x)=-6x^2+72x,x\leqslant 12,x\in \mathbf{N}^*$)

(2) 如果该厂此种产品每月生产 a 台,为保证每月满足市场需求,则 a 至少为多少?(答案:$x=8,a_{\min}=171$)

其中第(2)题的正确解法是:由

$$ax \geqslant f(x)$$

恒成立,得到

$$a \geqslant -2x^2+33x+35$$

恒成立;

而学生错误理解:利用第(1)小题的结论,用 $a\geqslant g(x)$ 恒成立,即 a 大于等于 $g(x)$ 中的最大值,但试想,平均量与各月的最大值进行比较,那每个月都多余那么多产品如何处理. 其实应该:ax 代表 x 月的生产总量,然后与累计需求量 $f(x)$ 比较,使不等式恒成立. 这道题学生欠缺的还是实际生活经验. 在课堂上,做对的学生告诉其他同学,也让做错的同学无言以对,其实让学生之间相互纠正语意问题,是值得推荐和尝试的.

生活经验无疑成了学生建模过程中难以逾越的"坎".

例 8 (上海市某区 2008 年第二次模拟考试题)

随着国民经济的日益发展和居民财富的不断积累,理财观念日益深入人心. 投资股市正成为一种时尚,图 2 所示是某股票的 K 线图(即股票价格的走势图),其起始价格为每股 10 元. 假设其运行规律为两个月上涨,接下来一个月下跌,上行线是以每月 10% 递增的指数型曲线段,下行线是以 -1 为斜率的直线型

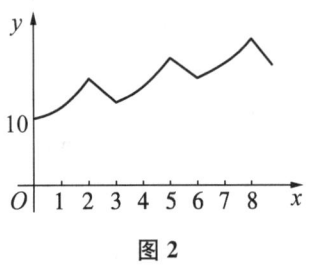

图 2

线段.设第 n 月末的股票价格为 $f(n)$.若某人用 **100500** 元投入该种股票,并于两年后抛出,问:他共盈利多少元?(已知每次交易须交付印花税和佣金共计为交易额的 **0.5%**,精确到元.)

此人一共花了 $\dfrac{100500}{1+0.005}=100000$ 元,买了 10000 股.

$f(3) = 10 \cdot 1.1^2 - 1 = 11.1(元)$,
$f(6) = (10 \cdot 1.1^2 - 1)1.1^2 - 1 = 10 \cdot 1.1^4 - 1.1^2 - 1 = 11.221 = 12.43(元)$,
$f(9) = 10 \cdot 1.1^6 - 1.1^4 - 1.1^2 - 1 = 14.04(元)$,
$f(3n) = 10 \cdot 1.1^{2n} - (1.1^{2n-2} + 1.1^{2n-4} + \cdots + 1.1^2 + 1)$
$\qquad = \left(10 - \dfrac{100}{21}\right) \cdot 1.21^n + \dfrac{100}{21}.$

设盈利为 A,

$$A = f(24) \times 10000 \times 0.995 - 100500 \approx 186367(元).$$

学生当然不知道,股票不管买入卖出都要缴税,所以一开始投入的 100500 元的 500 元正好作缴税之用,也就是说真正的股票资金为 100000 元,即买了 10000 股.

当然,无论数学建模"门槛"如何再低,再回归到书本内容,学生对文字的辨析依然不是那么敏感.例如,数列中的前 n 项和与第 n 项的区别,确实又是学生的一个盲区,不用说隐含的条件,就算明确指出,学生有时也会视而不见.

例 9 (2005 年上海高考试题)

假设某市 2004 年新建住房 400 万平方米,其中有 250 万平方米是中低价房,预计在今后的若干年内,该市每年新建住房面积平均比上一年增长 **8%**.另外,每年新建住房中,中低价房的面积均比上一年增加 50 万平方米.那么,到哪一年底,

(1) 该市历年所建中低价房的累计面积(以 2004 年为累计的第一年)将首次不少于 4750 万平方米?

(2) 当年建造的中低价房的面积占该年建造住房面积的比例首次大于 **85%**?

在求解第(1)小题时,可设中低价房面积形成数列 $\{a_n\}$,由题意可知 $\{a_n\}$ 是等差数列,

其中

$$a_1 = 250, d = 50,$$

则

$$S_n = 250n + \dfrac{n(n-1)}{2} \times 50 = 25n^2 + 225n.$$

令

$$25n^2 + 225n \geqslant 4750,$$

即
$$n^2+9n-190 \geqslant 0.$$

而 n 是正整数,

$$\therefore \quad n \geqslant 10.$$

到 2013 年底,该市历年所建中低价房的累计面积将首次不少于 4750 万平方米.

在求解第(2)小题时,可设新建住房面积形成数列 $\{b_n\}$,由题意可知 $\{b_n\}$ 是等比数列,其中 $b_1=400, q=1.08$,则

$$b_n=400 \cdot (1.08)^{n-1}$$

由题意可知

$$a_n > 0.85 b_n,$$

有

$$250+(n-1) \cdot 50 > 400 \cdot (1.08)^{n-1} \cdot 0.85.$$

由计算器解得满足上述不等式的最小正整数 $n=6$.

到 2009 年底,当年建造的中低价房的面积占该年建造住房面积的比例首次大于 85%.

第(1)题要求的是前 n 项和,而第(2)题是第 n 项,学生在判断方面还是存在一定的偏差.

一定程度上,类似试题的出现并不是单纯数学知识的考查,而是学习能力、生活能力的评判,我们不得不承认,对实际应用的语言把握不到位表面是一个审题不清,而暗藏背后的还是数学化语言和生活语言的"互译"存在缺陷.

三、试题中值得商榷的问题

尽管学生在解决数学问题时确实有欠缺,但作为教师而言,我们也必须承认一些试题本身也存在着让学生匪夷所思的细节,难以把握. 很多时候,往往分析试卷到一半,学生就开始对题意提出自己的解释. 确实,平常一句话可以有千万种理解,但是作为自然科学之首的数学学科的一个概念、一个定论、一个判断应该是毫无瑕疵,来不得半点漏洞,因为它体系必须是完整而无可辩驳的. 因此教师在编写试题时、课堂教学过程中要事先充分考虑和预见各种结果,以免出现差错和歧义.

根据学生的反馈,有些试题还是值得商榷:

例 10 (2004 年上海高考(理)试题)

若干个能唯一确定一个数列的量称为该数列的"基本量". 设 $\{a_n\}$ 是公比为 q 的无穷等比数列,下列 $\{a_n\}$ 的四组量中,一定能成为该数列"基本量"的是第_____组. (写出所有符合要求的组号)

① S_1 与 S_2; ② a_2 与 S_3; ③ a_1 与 a_n; ④ q 与 a_n,

其中 n 为大于 1 的整数,S_n 为 $\{a_n\}$ 的前 n 项和.(答案：①、④)

这道题的本意构造得相当好,要求学生是否知晓数列中"知三求二"的探求思想,同时利用等比数列的性质估计解的情况,可是学生对 4 个选择项里的 a_n 无法把握,a_n 到底是指"$a_2,a_3,\cdots,a_{10}$ 等"具体常数呢,还是指含有"n"的解析式,然后学生只能猜测如果含有"n"的解析式,那么不就是唯一确定了吗？而这个疑虑并不是出题者本意让学生难辨,可惜的是,许多学生因为这道题的含糊表达,误导了他们的解答,如果题目后的注解指出："n"为大于 1 的整数常数,就可以回避这个不值得考虑的疑虑了.

值得注意的是同样一份试题的第 22 题：

设 $P_1(x_1,y_1),P_2(x_2,y_2),\cdots,P_n(x_n,y_n)(n\geqslant 3,n\in \mathbf{N})$ 是二次曲线 C 上的点,且 $a_1=|OP_1|^2,a_2=|OP_2|^2,\cdots,a_n=|OP_n|^2$ 构成了一个公差为 $d(d\neq 0)$ 的等差数列,其中 O 是坐标原点.记 $S_n=a_1+a_2+\cdots+a_n$.

(1) 若 C 的方程为 $\dfrac{x^2}{100}+\dfrac{y^2}{25}=1$, $n=3$. 点 $P_1(10,0)$ 及 $S_3=255$,求点 P_3 的坐标；(只需写出一个)

(2) 若 C 的方程为 $\dfrac{x^2}{a^2}+\dfrac{y^2}{b^2}=1(a>b>0)$. 点 $P_1(a,0)$,对于给定的自然数 n,当公差 d 变化时,求 S_n 的最小值；

(3) 请选定一条除椭圆外的二次曲线 C 及 C 上的一点 P_1,对于给定的自然数 n,写出符合条件的点 $P_1,P_2,\cdots,P_n$ 存在的充要条件,并说明理由.

第(2)小题,出现类似的讲法："对于给定的自然数 n",它的含义就相当明确,希望学生转换思路,一改平时以"n"为变量的函数关系,转换到关于"d"的一次函数,进行探求.

例 11（2007 年上海高考(理)试题）

如果有穷数列 $a_1,a_2,a_3,\cdots,a_n$（n 为正整数）满足条件 $a_1=a_n,a_2=a_{n-1},\cdots,a_n=a_1$,即 $a_i=a_{n-i+1}(i=1,2,\cdots,n)$,我们称其为"对称数列".例如,由组合数组成的数列 $C_m^0,C_m^1,\cdots,C_m^m$ 就是"对称数列".

(1) 设 $\{b_n\}$ 是项数为 7 的"对称数列",其中 b_1,b_2,b_3,b_4 是等差数列,且 $b_1=2,b_4=11$. 依次写出 $\{b_n\}$ 的每一项；

(2) 设 $\{c_n\}$ 是项数为 $2k-1$（正整数 $k>1$）的"对称数列",其中 $c_k,c_{k+1},\cdots,c_{2k-1}$ 是首项为 50,公差为 -4 的等差数列.记 $\{c_n\}$ 各项的和为 S_{2k-1}. 当 k 为何值时,S_{2k-1} 取得最大值？并求出 S_{2k-1} 的最大值；

(3) 对于确定的正整数 $m>1$,写出所有项数不超过 $2m$ 的"对称数列",使得 $1,2,2^2,\cdots,2^{m-1}$ 依次是该数列中连续的项；当 $m>1500$ 时,求其中一个"对称数列"前 2008 项的和 S_{2008}.

在求解第(1)题时,可设 $\{b_n\}$ 的公差为 d,则

$$b_4 = b_1 + 3d = 2 + 3d = 11,$$

解得
$$d = 3,$$

∴ 数列 $\{b_n\}$ 为 $2, 5, 8, 11, 8, 5, 2$.

第(2)题：$S_{2k-1} = c_1 + c_2 + \cdots + c_{k-1} + c_k + c_{k+1} + \cdots + c_{2k-1}$
$$= 2(c_k + c_{k+1} + \cdots + c_{2k-1}) - c_k,$$
$$S_{2k-1} = -4(k-13)^2 + 4 \times 13^2 - 50,$$

∴ 当 $k = 13$ 时，S_{2k-1} 取得最大值.

S_{2k-1} 的最大值为 626.

(3) 所有可能的"对称数列"是：

① $1, 2, 2^2, \cdots, 2^{m-2}, 2^{m-1}, 2^{m-2}, \cdots, 2^2, 2, 1$；

② $1, 2, 2^2, \cdots, 2^{m-2}, 2^{m-1}, 2^{m-1}, 2^{m-2}, \cdots, 2^2, 2, 1$；

③ $2^{m-1}, 2^{m-2}, \cdots, 2^2, 2, 1, 2, 2^2, \cdots, 2^{m-2}, 2^{m-1}$；

④ $2^{m-1}, 2^{m-2}, \cdots, 2^2, 2, 1, 1, 2, 2^2, \cdots, 2^{m-2}, 2^{m-1}$.

对于①，当 $m \geq 2008$ 时，
$$S_{2008} = 1 + 2 + 2^2 + \cdots + 2^{2007} = 2^{2008} - 1.$$

当 $1500 < m \leq 2007$ 时，
$$S_{2008} = 1 + 2 + \cdots + 2^{m-2} + 2^{m-1} + 2^{m-2} + \cdots + 2^{2m-2009}$$
$$= 2^m - 1 + 2^{m-1} - 2^{2m-2009} = 2^m + 2^{m-1} - 2^{2m-2009} - 1.$$

对于②，当 $m \geq 2008$ 时，
$$S_{2008} = 2^{2008} - 1.$$

当 $1500 < m \leq 2007$ 时，
$$S_{2008} = 2^{m+1} - 2^{2m-2008} - 1.$$

对于③，当 $m \geq 2008$ 时，
$$S_{2008} = 2^m - 2^{m-2008}.$$

当 $1500 < m \leq 2007$ 时，
$$S_{2008} = 2^m + 2^{2009-m} - 3.$$

对于④，当 $m \geq 2008$ 时，
$$S_{2008} = 2^m - 2^{m-2008}.$$

当 $1500 < m \leq 2007$ 时，

$$S_{2008} = 2^m + 2^{2008-m} - 2.$$

学生在回答第(3)小题时普遍反映 $1,2,2^2,\cdots,2^{m-1}$ 依次是否指顺序可以调换，即"$2^{m-1},2^{m-2},\cdots,2^2,1$"是否也是指的是"$1,2,2^2,\cdots,2^{m-1}$"中的依次，一个语文意义词语"依次"该如何解释，试想"甲、乙、丙"依次排开，是否是指甲可以为排头或排尾呢？致使许多学生对这道小题出现漏解情况.

例 12 （2008 年上海春季高考试题）

已知 $a_1,a_2,\cdots,a_n;b_1,b_2,\cdots,b_n$（$n$ 是正整数），令 $L_1=b_1+b_2+\cdots+b_n, L_2=b_2+b_3+\cdots+b_n,\cdots,$ $L_n=b_n$. 某人用图 3 分析得到恒等式：

$$a_1b_1+a_2b_2+\cdots+a_nb_n = a_1L_1+c_2L_2+c_3L_3+\cdots+c_kL_k+\cdots+c_nL_n,$$

则 $c_k=$ _____（$2\leqslant k\leqslant n$）.

本题答案：a_k-a_{k-1}.

本题结合了今后大部分学生都要涉及的积分的思想，引导学生利用数列、观察图形等的知识和思想方法，是一道漂亮的试题，但是遗憾的是，学生不知道回答什么，学生总是认为用 k、n 的关系式作为解答，而未曾想答案却是用带下标的 a_k 表示，又让学生误入歧途.

例 13 （上海市某区 2008 年第二次模拟考试题）

若等差数列 $\{a_n\}$ 的前 n 项和为 S_n，且满足 $\dfrac{S_n}{S_{2n}}$ 为常数，则称该数列为 S 数列.

（1）判断 $a_n=4n-2$ 是否为 S 数列？并说明理由；

（2）若首项为 a_1 的等差数列 $\{a_n\}$（a_n 不为常数）为 S 数列，试求出其通项；

（3）若首项为 a_1 的各项为正数的等差数列 $\{a_n\}$ 为 S 数列，设 $n+h=2008$（n,h 为正整数），求 $\dfrac{1}{S_n}+\dfrac{1}{S_h}$ 的最小值.

第(1)题：由 $a_n=4n-2$，得

$$\frac{S_n}{S_{2n}}=\frac{1}{4},$$

所以它为 S 数列；

第(2)题：假设存在等差数列 $\{a_n\}$，公差为 d，则

$$\frac{S_n}{S_{2n}}=\frac{a_1n+\dfrac{1}{2}n(n-1)d}{2a_1n+\dfrac{1}{2}\cdot 2n(2n-1)d}=k（常数），$$

$$\therefore 2a_1n+n^2d-nd=4a_1kn+4n^2dk-2nkd,$$

化简得
$$d(4k-1)n+(2k-1)(2a_1-d)=0. \quad ①$$

由于①对任意正整数 n 均成立,
则
$$\begin{cases} d(4k-1)=0, \\ (2k-1)(2a_1-d)=0, \end{cases}$$
解得
$$\begin{cases} d=2a_1 \neq 0, \\ k=\dfrac{1}{4}. \end{cases}$$

故存在符合条件的等差数列,其通项公式为 $a_n=(2n-1)a_1$,其中 $a_1 \neq 0$.

第(3)题: $\because S_n S_h = \dfrac{1}{4}(a_1+a_n)\cdot(a_1+a_h)\cdot nh$

$$=(nh)^2 a_1^2 \leqslant \left(\dfrac{n+h}{2}\right)^4 a_1^2 = 1004^4 a_1^2,$$

$$\therefore \dfrac{1}{S_n}+\dfrac{1}{S_h} \geqslant \dfrac{2}{\sqrt{S_n S_h}} \geqslant \dfrac{2}{1004^2 a_1} = \dfrac{1}{504008 a_1},$$

其最小值为 $\dfrac{1}{504008 a_1}$,当且仅当 $n=h=1004$ 时取等号.

解决第(3)题时,自然利用了第(2)题的结果,但第(2)题的结果里条件是非常数数列,而第(3)题中应该把所有情况都有所考虑,经过比较,才能得到其最小值.

例 14 关于根的个数的问题:

(1) 方程 $x^2-ax+2=0$ 有且只有一个根在区间 $(0,3)$ 内,则 $a \in$ _____;(答案:$\left[\dfrac{11}{3},+\infty\right)$)

(2) 函数 $y=x^2+2$ 与函数 $y=ax$ 的图像在 $x \in (0,3)$ 有一个交点,则 $a \in$ _____.(答案:$\left[\dfrac{11}{3},+\infty\right) \cup \{2\sqrt{2}\}$)

第(1)题中的"一个根"不包括重根,即重根算 2 个根,所以不包括 $2\sqrt{2}$.

第(2)题中的"一个交点"(切点)包括即为联立方程中的重根,算一个点.两者的区分在于:不牵涉到图像时,重根算成两个根;牵涉到图像时,由重根产生的切点只算一个交点.

这个知识点暴露出初高中衔接处的漏洞.初中时,我们反复强调重根的个数;而高中阶段在解析几何和函数与方程中,我们借助方程解决图形问题时,重根的意义与切点没有得到明确的统一,甚至,我们高中教师在出高一新生的暑期练习题时会想,学生知道相切的概念吗,初中有这个概念吗？如何探讨的呢？初高中的衔接确实是摆在新教材操作中的"大问题",前后知识概念的统一,脉络的一致是需要一个团队相互配合连贯,以免让一线教师难以操作,在此不做详细赘述,只是希望引起普遍重视.

　　进入高三教学后,教师也认为掌握了一定的高中数学知识的学生开始质疑试题的措辞,甚至质疑书本内容,可能会使教师感到有些尴尬,其实这正是教育成功的体现.曾经有人认为"宣传"即"教育",但是要知道"宣传"是"灌输",而"教育"是"唤醒",是引导学生去思考,去再创造.今天他们可以质疑"人造"试题,明天他们就可以质疑任何"不合理"的事物,探索未知世界,从而改造创新.所谓"数学教学"即是"数学语言"的教学[①],我们通过课堂加强了学生与"终日谋面"的教师的交流,通过试题加强了学生与"素未谋面"的学者的交流,而其中的桥梁都是因为数学语言,而主旨却是相同的,希望学生在数学化语言的启发下,让逻辑思维日趋成熟,探求数学的真谛.

---

① 斯托利亚尔(苏).数学教育学.北京：人民教育出版社,1984

六、语文课应为数学课提供语言保障[①]

不少学生因为语言障碍,使学习数学发生了困难.要解决这个问题,数学教师要想办法,语文教师更是责无旁贷.

语文课的主要任务之一就是通过语言历练来发展学生的语言,这其中也包括数学语言.那么语文课怎样为数学课提供语言保障呢?

一、在中学语文教材中添加一定的复句和逻辑学知识内容,发展学生思维力

语文教师只是执行政策的人们,要改变语文教学和数学教学不相适应的现状,应该在课程标准和教材上有所改进.

首先是"立法上的保障":现行语文课程标准中对思维能力的培养强调得很不够,工具性和人文性不是语文学科独有的学科属性,而语言交际性才是语文的独有属性,因此有必要在语文课程标准中加入培养学生语言交际思维的逻辑力.

其次是"教材实施上的保障":现行中学语文教材的编排弱化了语法知识的学习,只介绍一点短语知识,单句的句子成分划分教材中也不作要求了,较为复杂的复句更没编入教材,形式逻辑完全移到了大学,这些当然不列为考试内容了.这种做法表面看是在给学生减掉学习内容上的负担,实际上却不利于学生思维的健康发展.

根据脑科学的相关研究成果:一般情况下,人的一生有四个思维飞跃期,第一期是小学四五年级时,孩子就应该有了一定的"横看成岭侧成峰"的多角度看问题的多元(发散)思维意识;第二期是初二时,学生就应该有了明显的"反弹琵琶成新曲"的逆向思维意识;高二时就要有较为突出的"泾渭分明见清浊"的对比辩证思维能力;大三时要有一定的创新实践能力.因此,适时开发学生思维力是每个教师的天然使命.

数学的很多思维逻辑都建立在因果、条件、假设等关系推理的基础上,所以语

[①] 本文作者:曾宪一

文教学有必要让学生了解和熟练掌握表达这些关系的重要关联词语,进而深刻理解语意和内在逻辑关系,这一切显得十分现实且必要.其实学习了这些内容,也有利于议论文的教学.

诸如:因果句常用的关联词语有:因为(由于)……所以……、……因而(因此)……、既然……就……、之所以……是因为……等.假设句常用的关联词语有:如果……就……、即使……也……等.条件句常用的关联词语有:只要……就……、无论(不管、不论)……也(都)……、只有……才……、凡是……都……、除非……才……等.当然条件句还可细分为充分、必要、充要关系等.最好还要掌握并列、承接、递进、选择、转折等常用复句的相关知识.

数理逻辑大部分都是思维的语法问题,思辨能力是智慧的核心,语文课也要以开发学生的思辨能力为己任.从这一点来讲,语文和数学的终极目标是一致的,都是发展学生的思维力.

二、提高语文教师教学语言准确、简明、连贯的表达能力,发展学生的语言

语文教师在日常教学中也应该注意到和数学教学的配合.

首先是"日常熏陶上的保障":"操千曲而后晓声,观万剑而后识器",课堂是教师语言魅力感染熏陶的场所.通过教师的语言,课堂上让学生对学科学习的兴趣"活"着是多么重要.教师点拨的语言要简捷、明快、到位,从恰到好处的引导看教师基本功和教学特色,从师生互动过程的机智语言看教学常态管理的默契程度,课堂教学中教师的表达要求相对严密连贯有逻辑,这本身就是教学智慧的显现.语文教师的语言表达能力存在的普遍问题是废话多,也有表达不顺畅、不清晰现象.

教师要时常给自己的教学语言"照镜子",怎么照呢?就是经常给自己的课录音或录像,看看废话有多少.

苏霍姆林斯基说:"教师的语言修养在极大的程度上决定着学生在课堂上的脑力劳动的效率."我深信,高度的语言修养是合理利用时间的重要条件.

追求的境界:言之有趣、言之有韵、言之有生动、言之有序、言之有物、言之有理、言之有情、言之有启.课堂上教师的教学语言,一定要努力成为学生语言学习的典范.

其次,语文教师和数学教学的配合还应该体现在"融合训练上的保障"上,就是把个别数学题适当引入语文训练题中来,提高学生跨学科综合思辨能力.

题1:请用一个单句来概括下面三句话的内容,小于30个字.

① 棱柱相邻侧面的公共边叫做棱柱的侧棱.

② 棱锥相邻侧面的公共边叫做棱锥的侧棱.

③ 棱台相邻侧面的公共边叫做棱台的侧棱.

该题很好地考查了学生的归纳概括能力.

题2:下面是《孙子算经》中的一道算题,请加上标点,并写出这道题的答案(最

小数).

今有物不知其数三三数之剩二五五数之剩三七七数之剩二问物几何

该题既考查了文言文阅读基本功,又考查了加标点能力,还检测了数学的计算能力.

题3:"身长等于头长加尾长的一半"有两种理解.用公式表述为:

A. 身长＝头长＋1/2 尾长　　　　　B. 身长＝1/2(头长＋尾长)

若要消除歧义,用文字表述,A、B各应怎样表述?

该题考查了消除歧义,又考查了数学思维的严谨度.

数学老师也可以和语文老师联合起来布置这样的作业——

  一位在美国生活的中国人,在一个周末上午,突然电话铃声大作,来电显示上是一个陌生的号码.他拿起听筒,里面传来一个稚嫩的声音:"早上好,请问您有时间听我给您讲解一道数学题吗?"

  "听你讲数学题?""是的.我叫珍妮,现在上五年级.这是我这周末的作业.我要向3个陌生人讲解一道数学题,用不了多长时间,您愿意听吗?"小家伙怯生生地问."好的,不过我数学很糟糕,可不一定能听得懂啊."他半开玩笑地说.珍妮倒是当真了,诚恳地说:"请让我试一试,如果第一次不行我们还可以尝试别的讲法.即使您最后还是不明白也没关系,您就把它当成一次有趣的经历好了!"看来她事前早就准备好了台词来应对各种情况,显然这也是作业的一部分.

  征得同意以后,珍妮开始一板一眼地讲起课来.

  小老师讲解的过程中,他故作听不懂,问了好几个问题.珍妮非常耐心,回答得也不错,看样子是早有准备.最后他说听懂了,问她怎么向老师证明作业完成了."我要写一个报告,详细记录我给每个人打电话的过程.结束之前,我也要问您一个问题:您对我的讲解满意吗,您认为我有哪些地方需要改进?"

这个故事的借鉴意义是:

一是注重口语表达,提高了口语交际能力,会做题不等于能把题目讲明白;能把题目讲明白的,肯定会做这个题目了.

二是要留和日常生活紧密结合的"活"作业,作业不能只停留在学科"会"的层面,要会在生活中"用",作业要能锻炼人成长需要的综合素质.

三是锻炼了学生和陌生人沟通、交往的勇气和能力.

四是锻炼了学生随机应变的能力.

五是锻炼了学生当"小老师"的能力.

六是学生学到了实处,记忆也较为深刻.

七是作业必须有反馈,包括书面反馈报告.

八是作业要调动学生完成的积极性,要有适当难度.可见,好的作业既能折腾学生思维,巩固所学知识,又能锻炼学生的综合应用能力.

通过课程标准、教材、语文教师三方面的努力,通过立法上的保障,教材实施上的保障,日常熏陶上的保障,融合训练上的保障等四方面的保障,语文教学就可以比较有效地起到语文作为交流工具的作用,在语言方面为数学教学保驾护航.

参考文献

（1）倪立民等.语言学概论.浙江杭州：浙大出版社,1988年版.

（2）史尧、杨庆惠.现代汉语.北京：北师大出版社,1984年版.

（3）林兴仁.句式的选择和运用.北京：北京出版社,1983年版.

（4）李子云.长句结构分析.上海：上海教育出版社,1981年版.

（5）史尧.中学教学语法.北京：北京出版社,1991年版.

（6）王自强.虚词用法小词典.上海：上海辞书出版社,1984年版.

（7）毛茂臣.语义学：跨学科的学问.上海：学林出版社,1988年版.

（8）梁克健.中学数学解题逻辑错误分析.山东济南：山东教育出版社,1987年版.

（9）江仁俊,黄邦本.为什么错.湖北武汉：湖北教育出版社,1986年版.

（10）戴再平.数学习题理论.上海：上海教育出版社,1991年版.

（11）杨裕前.平面几何入门教学.江苏南京：江苏教育出版社,1988年版.

（12）陈永明等.数学教学逻辑.上海：上海教育出版社,1994年版.